MANESSE BIBLIOTHEK

Jean Cocteau

THOMAS DER SCHWINDLER

Geschichte

Roman

Aus dem Französischen übersetzt
von Claudia Kalscheuer

Nachwort von Iris Radisch

MANESSE VERLAG

Der Krieg begann in der größten Unordnung. Und diese Unordnung hörte von Anfang bis Ende nicht auf. Ein kurzer Krieg hätte sich verbessern und sozusagen vom Baum fallen können, ein derart langer Krieg jedoch, von seltsamen Interessen in die Länge gezogen und mit Gewalt an den Ast gebunden, bot immer wieder Verbesserungen, die zu neuen Anfängen und neuen Schulen führten.

Die Regierung hatte soeben Paris verlassen oder, der naiven Formulierung eines ihrer Mitglieder zufolge: Sie war nach Bordeaux gezogen, um den Marne-Sieg zu organisieren.[1]

Dieser Sieg, der einem Wunder zugeschrieben wurde, lässt sich wunderbar erklären. Man braucht nur in die Schule gegangen zu sein. Die Schlitzohren setzen sich immer gegen die Musterschüler durch, wenn nur irgendein Umstand Letztere daran hindert, ihrem vorgefassten Plan blind zu folgen. Wie dem auch sei, die wuchernde Unordnung, die über die massive Ordnung siegte, blieb nichtsdestoweniger Unordnung. Sie begünstigte die Extravaganz.

Die Tochter eines der hohen Würdenträger der Republik hatte im ruhigen Paris die Heilanstalt des Doktor Verne in eine Rotkreuzstation umgewandelt. Das heißt, sie hatte das Erdgeschoss des prachtvollen alten Gebäudes am linken Seine-Ufer umgewandelt und den Rest den zivilen Kranken überlassen. Diesem mildtätigen Werk hatte sie sich mit einem Eifer gewidmet, den nichts dämpfte, bis auf den Umzug der Regierung. Sie entschuldigte sich, erklärte dem Doktor, dass sie sich gezwungen sehe, ihrem Vater zu folgen, auch wenn sie alt genug war, nicht mehr zu gehorchen.

Sie ging also und überließ die Säle voller Betten und Apparate den Händen der Chirurgen, der freiwilligen Sanitäter und der Schwestern.

Doktor Verne war Spiritist. Er vernachlässigte die Patienten, die wegen der erstklassigen Spezialisten im Haus zahlreich waren.

Verne, der im Verdacht stand zu trinken, schloss sich einen Teil des Tages in seiner Praxis ein, in der ehemaligen Pförtnerloge, die auf den

Hof hinausging, und hypnotisierte von dort aus das Personal.

«Hinken Sie», befahl er dem einen. «Husten Sie», befahl er einem anderen. Nichts bereitete ihm mehr Vergnügen als diese albernen Phänomene. Listig hatte er fast das ganze Haus eingeschläfert, und die unter seinen Einfluss geratenen Patienten wurden zu seinen Opfern. Die Patienten wussten, dass er sonderlich war, ahnten aber nichts von seiner Manie. Sie empfingen seine tägliche Visite. Er begnügte sich damit, die Temperaturkurve zu prüfen und von Zimmer zu Zimmer ein paar Floskeln von sich zu geben wie ein Hotelier, der von Tisch zu Tisch geht.

Vernes Hotel war das ehemalige Hôtel Joyeuse in der Rue Jacob. Das Gebäude mit seinen beiden neuen Seitenflügeln erhob sich zwischen dem runden Hof und dem Garten. Aus den großen, weit offenen Räumen des Erdgeschosses blickte man auf diesen Garten, einen Rasen und Blumenbeete. So erwartete den neu eingelieferten Kranken nach der tristen Fassade die reizende Überraschung der Bäume.

In einem dieser Zimmer mit der erhaltenen, doch nach den Regeln der Hygiene mit Lack gestrichenen Holztäfelung lag die Tochter der Princesse de Bormes. Das junge Mädchen war kürzlich am Blinddarm operiert worden. Die Prinzessin, die sich nicht von ihr trennen mochte, wohnte in einem kleinen Nebenraum.

Madame de Bormes[2] war, notgedrungen, eine der letzten Vertreterinnen ihrer Kreise, die nach der Umsiedelung nach Bordeaux noch in Paris verblieben waren. Sie freute sich insgeheim, einen Grund zu haben, der sie in der Hauptstadt zurückhielt. Sie glaubte nicht an die Einnahme von Paris. Sie glaubte nicht daran, weil gemeinhin daran geglaubt wurde, und ihr rebellischer Geist verlieh ihr, wie es in neun von zehn Fällen geschieht, das zweite Gesicht. Man hielt sie gleichwohl für verrückt, und noch am Morgen der Abreise schimpfte ihr Freund Pesquel-Duport, Herausgeber der Zeitung «Le Jour», nachdem er sie vergeblich angefleht hatte, ihre Tochter nach Bordeaux zu bringen, sie bleibe nur aus Verderbtheit und um die Querpfeifer Schuberts Marsch spielen zu hören.

Ihre wahren Motive waren von ganz anderer Art.

Die Princesse de Bormes, durch einen Jagdunfall ihres Mannes zwei Jahre nach ihrer Hochzeit sehr jung zur Witwe geworden, war Polin. Polen ist das Land der Pianisten. Sie spielte ihr Leben wie ein Virtuose das Klavier und entlockte allem die Wirkung, die diese Musiker aus den mittelmäßigsten wie aus den schönsten Stücken herausholen. Ihre Pflicht war das Vergnügen.

So sagte diese vortreffliche Frau etwa: «Ich mag die Armen nicht. Ich kann Kranke nicht ausstehen.»

Kein Wunder, dass solche Äußerungen Entrüstung hervorriefen.

Sie wollte sich amüsieren und verstand es, sich zu amüsieren. Im Gegensatz zu den anderen Frauen ihrer Kreise hatte sie erkannt, dass das Vergnügen nicht in bestimmten Dingen liegt, sondern in der Art, sie alle zu nehmen. Diese Einstellung erfordert eine robuste Gesundheit.

Die Prinzessin hatte die vierzig überschritten. Sie hatte lebhafte Augen in einem Kleinmädchengesicht, das jede Langeweile sofort welken ließ. Daher floh sie diese und war stets darauf aus zu lachen, was Frauen gewöhnlich meiden, weil es Falten macht.

Ihre Gesundheit, ihre Lebenslust, die Eigentümlichkeit ihres Kleidungsstils und ihrer Art, sich zu bewegen, trugen ihr einen fürchterlichen Ruf ein.

Dabei war sie die Reinheit, die Vornehmheit selbst. Das musste solchen Leuten unbegreiflich bleiben, für die Vornehmheit und Reinheit göttliche Dinge sind, deren Gebrauch ein Sakrileg ist. Denn die Prinzessin machte von ihnen Gebrauch, sie machte sie geschmeidig und verlieh ihnen neuen Glanz. Sie lockerte die Tugend auf, wie die Eleganz ein zu steifes Gewand auflockert, und die Schönheit ihrer Seele war so natürlich, dass man sie gar nicht bemerkte.

Und auf die gleiche Art, wie schlecht gekleidete Leute über die Eleganz urteilen, urteilte also die Welt der Heuchler über sie.

Sie war im Zeichen des Abenteuers geboren. Schwanger, betrogen, vor Liebe von Sinnen, hatte ihre Mutter sich auf die Suche nach dem Schuldigen gemacht, der seit mehreren Monaten verschwunden war. Sie hatte ihn in einem russischen Städtchen ausfindig gemacht. Und dort, vor einer Tür, hinter der ein Gespräch zu hören war und an der sie nicht zu läuten wagte, war diese Liebende vor Erschöpfung und Schmerzen gestorben, als sie einer Tochter das Leben schenkte.

Diese Tochter, Clémence, war bei einem trunksüchtigen Diener aufgewachsen. Nach dem Tod ihres Vaters hatte eine Cousine sie großgezogen. Doch das stumme, scheue Kind, das sich instinktiv mit der Schulter schützte, entwickelte sich mit einem Schlag, wie der Rosenstrauch der Fakire.

Sprachlos sah die Cousine mit an, wie sie nach einem Ball plötzlich übermütig wurde. Sie wuchs, entfaltete sich, erblühte innerlich wie äußerlich. Sie wurde zu einem wahren Teufel und zur Organisatorin der Feste der Jugend.

Nach der Begegnung mit dem Prince de Bormes, einem reisenden Diplomaten, verlobte sie sich schließlich innerhalb von vier Tagen. Der Prinz war verzaubert. Sie sah in ihm Frankreich und seine Hauptstadt. Paris erschien ihr als die einzige Bühne, die ihres Debüts würdig sein könnte.

Es braucht immer eine gewisse Zeit, bis die Aufrichtigkeit des ersten Impulses erlischt, bis das Publikum erstarrt und fürchtet, zu viel Gefühl gezeigt zu haben und in die Falle gegangen zu sein.

Die Prinzessin profitierte zunächst von der Überraschung, die ihr erster Auftritt auslöste.

Nach und nach erregte sie durch ihre Ungezwungenheit und ihre ungeschickte Politik jedoch Anstoß.

Sie rührte an Dinge, an die man nicht rührt, öffnete, was man nicht öffnet, und bewegte sich mit ihren Reden inmitten eisigen Schweigens auf einem Hochseil. Jeder wünschte, sie möge sich den Hals brechen.

Nachdem man sie zunächst unterhaltsam gefunden hatte, fand man sie unbequem. Sie trat in die Welt ein, wie ein junger Athlet in eine Runde träte, die Karten durcheinanderwürfe und verkündete, nun werde Fußball gespielt. Die alten Spieler (Alte wie Junge) hatten sich, von so viel Unverfrorenheit verdutzt, halb aus ihren Sesseln erhoben. Sie sanken schnell wieder zurück und nahmen es ihr übel.

Doch wenn dieser ausgeprägte, farbenprächtige Charakter auch die einen beleidigte, bezauberte er andere. Diese anderen waren die Minderzahl, ebenjene, nach der Montesquieu zufolge bei Gericht geurteilt werden sollte.

So arbeitete die Princesse de Bormes von Unbesonnenheit zu Unbesonnenheit höchst geschickt an ihrem Filterwerk; sie sonderte alles Mittelmäßige aus und behielt nur das Hochwertige in ihrer Nähe.

Sieben bis acht Männer, zwei bis drei Frauen mit Herz wurden zu ihren Vertrauten. Es waren genau die, die eine Intrigantin sich gewünscht und nicht bekommen hätte.

Die Übrigen verbargen, des Prinzen wegen, ihre Gefühle, die nach seinem Tod zu einer dumpfen Kabale wurden. Die Prinzessin sah in dieser Verschwörung eine Gelegenheit zum Kampf und zur Entfaltung ihrer Kraft. Sie lachte im Kugelhagel. Sie komplottierte mit ihrem Generalstab.

Man warf ihr vor, nicht genug zu trauern. Doch sie hatte den Prinzen nicht sehr geliebt, und es widerstrebte ihr, die untröstliche Witwe zu spielen. Der Prinz hinterließ ihr eine Tochter: Henriette.

Henriette hatte vom Prinzen die einfältige Bewunderung geerbt, die ihn gegenüber Madame de Bormes gelähmt hatte. Clémence war als Schauspielerin geboren, Henriette als Zuschauerin, und ihr Lieblingsschauspiel war ihre Mutter.

Und diese Frau, die das Übernatürliche anzog

und um die Engel umherzuschwirren schienen wie Vögel um einen Vogelfänger, war im Übrigen auch das schönste Schauspiel der Welt.

Wenn eine Sorge sie plagte, wurde die Atmosphäre unerträglich. Man spürte ihre Ausstrahlung, was auch in ihr vorging.

Diese Frau, der es gleichgültig war, bei Festen den ersten Platz zu haben, wollte dabei den besten. Das ist in der Regel nicht der gleiche. Im Theater wollte sie sehen und nicht gesehen werden. Die Künstler liebten sie.

Der Krieg erschien ihr sofort als Theater des Krieges. Ein Theater, das Männern vorbehalten war.

Sie konnte sich nicht damit abfinden, am Rande des Geschehens zu leben; sie fühlte sich ausgeschlossen von dem einzigen Schauspiel, das nunmehr zählte. Daher war sie weit davon entfernt, die Umstände zu beklagen, die sie in Paris zurückhielten, sondern im Gegenteil heilfroh darüber und ihrer Tochter dankbar.

Paris war nicht der Krieg. Doch ach, er rückte näher, und diese unerschrockene Natur lauschte dem Kanonendonner, wie man im Konzert hinter einer Tür, die zu öffnen einem die Wärter verbieten, dem Orchester lauscht.

Dieser Kriegsdurst der Prinzessin war so wenig ungesund wie nur möglich. Das Blut, das Fieber, der Taumel der Stierkämpfe zogen sie nicht an. Sie dachte mit Abscheu daran. Sie bedauerte die Verletzten, alle miteinander. Nein, sie verliebte sich nur leidenschaftlich in alle Moden, seien sie oberflächlich oder tiefgründig. Gerade war die Gefahr in Mode; sie verging vor lauter Ruhe. Die Jugend verausgabte sich und tobte, dass sie sich schier aus dem Fenster stürzte, und sie zappelte vor Untätigkeit. Sie hätte gewünscht, die Ereignisse würden ihr helfen, sie unterstützen, so wie eine Menschenmenge einer Frau hilft, ein Feuerwerk zu sehen.

Solch große Schätze werden nicht verstanden. Sie erscheinen verdächtig. Die geizige Welt beschuldigt einen der Geldfälscherei.

So führte der allgemeine Spionagewahn dazu, dass Madame de Bormes beschuldigt wurde, Polin, das heißt Spionin zu sein.

In der Rue Jacob fand sie Anklang. Das machte sie sich zunutze. Ihr Genie ließ sie bald eine Möglichkeit wittern, an den Ereignissen teilzuhaben.

Das Erdgeschoss des Gebäudes war eine Ambulanz, aber eine leere Ambulanz. Sie setzte sich in den Kopf, sie zu füllen. Es galt, einen Konvoi zusammenzustellen, Fahrzeuge und freiwillige Fahrer zu rekrutieren, die nötigen Passierscheine zu erhalten und so viele Verwundete wie möglich von der Front zu holen. Sie lockte den Doktor mit der Aussicht auf ein Kriegskreuz und machte ihn so zu ihrem Komplizen, läutete in dieser Dornröschenklinik zum Aufbruch, schüttelte sie aus ihrem Chloroformschlaf, heizte den Patriotismus der Frau des Röntgenologen an. Stück für Stück baute sie eine gewaltige Maschine zusammen.

Das Schwierigste war, Fahrzeuge und Fahrer zu finden. Die Prinzessin war fassungslos. Sie glaubte, viele Leute müssten begierig sein, doppelt zu leben und den Tod aus der Nähe zu sehen.

Schließlich brachte sie elf Fahrzeuge zusammen, einschließlich ihrer Limousine und des Krankenwagens der Klinik.

Mit einem Blick hatte sie die Vorteile des Durcheinanders erkannt, das damals auf seinem Höhepunkt war.

Es war die Zeit, da die alte Uniform von einer neuen abgelöst wurde und nicht mehr wiederzuerkennen war. Jeder wandelte sie auf seine

Weise ab. Und diese Mauser, die in der Stadt komisch wirkte, war bei der Armee prachtvoll: eine Lawine von Sansculotten[3].

Aus den mit Champagnerflaschen, Stühlen und Klavierautomaten übersäten Straßen erschloss die Prinzessin unseren erstaunlichen revolutionären Sieg.

Weniger klar stellte sie sich allerdings die Mummenschänze, die Gebisse, die aufgetriebenen Bäuche, die übel riechenden Gase des Todes vor, und dass Jäger und Wild bald zu Seite an Seite wachsenden Pflanzen werden sollten, zu siamesischen Brüdern, verbunden durch eine Membran aus Schlamm und Verzweiflung.

Sie witterte den Ruhm wie ein Pferd den Stall. Sie flog unseren Truppen hinterher. Sie verging fast vor Ungeduld unter ihrer weißen Haube. Dreißigmal am Tag lief sie aus dem Zimmer ihrer Tochter und kam zurück, um ihr von ihren neuesten Schritten zu berichten.

Der Ehrenhof, so würdig mit seinem grasdurchsetzten Pflaster, war nicht wiederzuerkennen. Die Motoren brummten. Die Fahrzeuge fuhren rückwärts ineinander. Die Fahrer schrien. Die

Prinzessin schleifte Verne hinter sich her, verteilte die Rollen.

Schließlich endete es wie beim berühmten «Leinen los» des Oberst Renard[4], der neben seiner strickenden Frau am Feuer saß in seinem Luftschiffmodell, das nie fliegen wollte, sich zehn Zentimeter über den Boden erhob und mit einem Schlag zurückfiel: Der Konvoi brach nicht am vorgesehenen Tag auf. Es fehlte ein roter Passierschein.

Madame de Bormes hatte im Hôtel des Invalides[5] schöngetan und nach ihrem Besuch geglaubt, das Sesam-öffne-dich des Krieges erhalten zu haben. Was sie mitnahm, war jedoch nur ein Sonderausweis, der gerade mal bis Juvisy Gültigkeit besaß.

Die Enttäuschung war umso größer, als die Kolonne sich bei Tagesanbruch unter dem Applaus der Milchfrauen und des Personals in Bewegung gesetzt hatte. Sie musste umkehren und lief drei Stunden später kleinlaut wieder ein.

Aber die Sache war in Gang. Nichts konnte sie aufhalten. Die Prinzessin setzte ihre Bemühungen fort, und der Hof glich abermals einer Fabrik.

In den Ritzen dieses Hofes wuchsen seltsame Pilze.

Der Sturm des Krieges entwickelte seine Fauna und seine Flora, die mit dem Frieden sofort wieder erloschen.

Madame Valiche war ein Exemplar von dieser Sorte.

Auf Dramen erpicht, wenn auch aus anderen Gründen als die Prinzessin, hatte sie sich dem Konvoi als Oberschwester angeboten. Sie brachte einen schlechten Zahnarzt mit, Doktor Gentil, den sie als Krankenhauschirurgen ausgab. Sie war so hässlich, vulgär und raffgierig, wie Madame de Bormes schön, edel und uneigennützig war. Die beiden Frauen trafen sich auf dem Feld der Intrige. Nur intrigierte die eine zu ihrem Vergnügen, die andere zu ihrem Nutzen.

Madame Valiche sah in diesem verworrenen Krieg ein hervorragendes trübes Gewässer, einen wunderbaren Fischzug nach Belohnungen. Sie liebte den Doktor Gentil und spornte ihn an. Dazu kam eine krankhafte Lust am Grauen.

Die Prinzessin verwechselte diese Begeisterung mit ihrer eigenen. Sie sollte die tief greifenden Unterschiede zwischen ihnen bald erkennen.

Madame Valiche war die Witwe eines Oberst, der in Tonkin am Fieber gestorben war.[6] Sie erzählte von diesem Tod und von der ereignisreichen Reise des Sarges, den sie nach Frankreich zurückgebracht hatte. Dieser Sarg war beim Entladen schlecht am Kran befestigt worden und schließlich ins Wasser gefallen. Sie tröstete sich mit dem Zahnarzt. Er hatte einen schwarzen Bart, ein gelbes Gesicht, die Augen einer Odaliske.

Das Paar lebte in Kittel und Dienstmütze. Madame Valiche hatte sich und ihrem Geliebten Tressen aufgenäht. Sie folgte Clémence auf die Ämter, wo ihr Selbstbewusstsein und ihre Armbinden Wunder wirkten.

Aber trotz allen Liebreizes auf der einen und aller Schläue auf der anderen Seite blieb der Konvoi ein Ideal, das den Kranken auf die Nerven fiel und der Ambulanz den Charakter eines Ministeriums verlieh.

In diesen lauten, überfüllten Hof blickte eines Abends durch das weit offene Tor ein junger Soldat, der auf der Straße vorbeiging. Er blieb stehen, lehnte sich gegen einen Pfosten und warf auf dieses Tohuwabohu einen Blick gleich dem, mit dem Bonaparte die Clubs der Revolution beobachtet haben musste.

Nach langem Zögern trat er ein und mischte sich unter die Mechaniker.

Er wirkte so jung, dass seine Uniform ihn aussehen ließ wie einen Kadettenschüler. Doch was seine Jugend unglaublich machte, war ein schmaler Unteroffiziersstreifen auf dem Ärmel seines knappen blauen Rocks. Sein Gesicht, frisch, animalisch, hübsch, verschaffte ihm überall schneller Einlass als jedes Zeugnis.

Nach zehn Minuten half er allen und wusste alles. Er wusste sogar, dass man tags zuvor General d'Ancourt eingeliefert hatte, als einzigen Gast eines der Zimmer im Erdgeschoss. Der General war ein Freund des Chefchirurgen in der Rue Jacob, und dieser Chirurg hatte erwirkt, dass er ihm vom Militärkrankenhaus Buffon überlassen wurde. Ihm sollte ein Bein abgenommen werden. Er war im Delirium. Sein Freund hatte nur noch wenig Hoffnung.

Von Gruppe zu Gruppe schreitend, traf der junge Soldat schließlich auf Doktor Verne, der mit der Prinzessin dabei war, eine Liste aller Mitglieder des Vereins zu erstellen.

«Wer sind Sie?», fragte Verne in seiner schroffen Art.

«Guillaume Thomas de Fontenoy[7]», antwortete er.

«Mit dem General de Fontenoy verwandt?»

Dieser General war gerade in aller Munde.

«Ja, sein Neffe.»

Die Antwort zeigte sofort Wirkung, denn der Doktor verlor sein Kriegskreuz nie aus dem Blick. Es wies ihm den Weg wie der Stern den Heiligen Drei Königen.

«Potz Teufel!», rief er aus. «Und Sie gehören zu uns?»

«Ich bin», sagte da der junge Mann, «der Sekretär des General d'Ancourt. Nur braucht er meine Dienste derzeit leider nicht, und so beschäftige ich mich, wie ich kann, ohne mich zu weit von ihm zu entfernen.»

«Der Himmel schickt Sie!», rief die Prinzessin. «Selbst wenn man ihn rettet, wird der General noch für Monate das Zimmer hüten müssen. Ich heuere Sie an. Ich bin Ihr General.»

Während Verne sein Kriegskreuz größer werden fühlte, prüfte Clémence schon die tausend Möglichkeiten des zauberkräftigen Namens. Diese Frau, die eine Falle zwei Meter vor ihren Füßen nicht sah, konnte in die Zukunft schauen. Und sie sah einmal mehr richtig.

Guillaume Thomas war, trotz seines Ungläubigennamens[8], ein Schwindler. Er war weder der Neffe des General de Fontenoy noch in irgendeiner Weise mit ihm verwandt. Er war in Fontenoy geboren, bei Auxerre, wo manche Historiker den Sieg von Fontanet ansiedeln, den Karl der Kahle im Jahr 841 errang.

Als der Krieg erklärt wurde, war er sechzehn Jahre alt. Er wurde rasend. Er verfluchte sein Alter. Von einem Großvater, der Kapitän zur See gewesen war, hatte er die Abenteuerlust geerbt. Er war Waise und lebte in Montmartre bei seiner Tante, einer frommen alten Jungfer, die ihn laufen ließ, wohin er wollte, und sich nur um ihr Seelenheil kümmerte, ohne sich um das der anderen zu sorgen.

Im Lügen fand Guillaume schon einen Vorgeschmack des Abenteuers, und so machte er sich älter, als er war, erzählte den Nachbarinnen, er werde sich freiwillig melden, er werde eine Sondergenehmigung erhalten, und erschien eines schönen Tages in Uniform. Diese hatte er von einem Kameraden.

Unter dem Deckmantel dieser Verkleidung trieb er seine Streiche, lungerte um die Kasernen und vor dem Tor der Invaliden herum.

Er sagte zu seiner Tante: «Ich bereite mich auf die Artillerieschule vor.» Alles war so dunkel, so unruhig, dass man sich über nichts wunderte.

Nach und nach erging es ihm wie Kindern, die spielen. Er begann an das Spiel zu glauben. Er nähte sich einen Streifen auf.

Niemand hielt ihn auf. Er empfand keinerlei Furcht. Er war stolz, wenn Zivilisten sich auf der Straße nach ihm umdrehten. Eines Tages, als er einem Schutzmann zu Rad ein Familiendokument zeigte, auf dem der Name Fontenoy stand, glaubte dieser Schutzmann, er heiße Thomas de Fontenoy und stellte ihm die gleiche Frage wie Verne. Da bejahte er die Frage zum ersten Mal, und fortan gehörte dieser Titel zu seinen Spielrequisiten.

Sie sehen, zu welcher Art von Schwindlern unser junger Guillaume gehörte. Man muss ihnen eine Sonderstellung einräumen. Sie leben zur Hälfte im Traum. Der Schwindel setzt sie nicht herab, sondern wertet sie eher auf. Guillaume betrog ohne böse Absicht. Das Folgende wird zeigen, dass er sich selbst betrog. Er glaubte zu sein, was er nicht war, wie jedes Kind sich für Kutscher oder Pferd hält.

Hätte man ihm erklärt, dass ihm Gefängnis drohte, wäre er sehr überrascht gewesen.

Um seine seltsame Unantastbarkeit zu veranschaulichen, will ich das Beispiel einer Szene anführen, die sich zwanzigmal wiederholte.

Guillaume geht mit Madame Valiche über die Place des Invalides. Er hat eine Schwäche für Schusswaffen. Er trägt einen Ordonnanzrevolver am Gürtel. Dazu ein Schiffchen auf dem Kopf und eine Rotkreuz-Armbinde des Doktor Gentil, mit Goldtressen.

Ein Hauptmann hält ihn an. Hier ihr Dialog:

«Sagen Sie mal!»

«Herr Hauptmann?»

«Was ist denn das für ein Aufzug? Sie tragen einen Revolver und eine Rotkreuz-Armbinde?»

«Aber Herr Hauptmann ...»

«Und dieses Schiffchen? Was ist denn das für ein Schiffchen?»

«Es ist das Schiffchen von Saint-Cyr[9], Herr Hauptmann.»

«Was? Sie sind in Saint-Cyr? Ich lasse mich nicht gern zum Narren halten. Wie heißen Sie?»

«Thomas de Fontenoy, Herr Hauptmann.»

«De Fontenoy? Sind Sie mit dem General verwandt?»

«Sein Neffe, Herr Hauptmann.»

«Es heißt, er habe den linken Flügel der Deutschen umgangen.»

«Das ist richtig, Herr Hauptmann.»

«Sagen Sie, ganz unter uns, ich weiß ja, dass bei den Uniformen der Fantasie keine Grenzen mehr gesetzt sind, aber tragen Sie Armbinde und Revolver nicht zusammen. Wählen Sie. Entweder oder. Denn heute», so fügt der Offizier väterlich hinzu, «sind Sie an mich geraten, aber Sie könnten auch einmal auf einen Dummkopf treffen.»

Die Prinzessin nahm Guillaume in den Reigen auf, ohne lange zu fragen. Sie ließ diesen Talisman nicht mehr von ihrer Seite weichen. Binnen achtundvierzig Stunden erreichte sie, was sie seit vier Wochen zu erlangen suchte. Den Namen Fontenoy ließ man nie antichambrieren. Man schalt Guillaume, kniff ihn ins Ohr, versetzte ihm einen kleinen Klaps, und er ging mit der Genehmigung in der Tasche wieder.

Man stellte sogar einen Burschen ab, der alle Losungen kannte und den Konvoi auf dem Beifahrersitz des vordersten Wagens auf seinen Fahrten begleiten sollte. Dieser Wagen war der von Madame Valiche und dem Zahnarzt, im zweiten saß die Prinzessin, die weiteren folgten ohne bestimmte Ordnung. Unter den Fahrern waren Hemdenschneider, Schriftsteller, Müßiggänger.

Sie fuhren um elf Uhr abends los.

Die Buntheit dieser Besetzung wurde noch dadurch gesteigert, dass Madame de Bormes ihren Mechaniker, da dieser einberufen worden war, durch einen armen russischen Maler ersetzt hatte, der nur wenig Französisch sprach und aus Liebe als Fahrer einsprang. Die Prinzessin half ihm zu leben. Er vergötterte sie. Er fuhr schlecht. Aber er brauchte nicht schnell zu fahren und folgte dem Leitwagen.

Madame Valiche und Doktor Gentil, die noch nie einen Wagen gehabt hatten, genossen diese Spazierfahrt und fühlten sich auf dem Weg ins Glück.

Sie legten die Beine auf die Kisten voller Kekse, Orangen und Cordial-Médoc[10], die Madame de Bormes für die Verwundeten mitführte. Sie streckten ihre Glieder, streichelten ihre Ärmelstreifen und fielen sich in die Arme, wenn es über Abflussrinnen ging. Bei jedem Posten hielt der Wagen an.

Wer kommt des Weges? Wer da? Ein drohender Schatten versperrte die Straße. Die Ordonnanz sprang von ihrem Sitz wie ein Aufziehspielzeug, sprach dem Schatten ins Ohr, stieg wieder ein, und der Zug fuhr weiter, kutschte die Hügel entlang, durchquerte zerstörte Dörfer.

Zu einem absurden Zwischenspiel kam es, als Madame de Bormes, die ihr Automobil mit Guillaume teilte, durch das Rückfenster bemerkte, dass der Krankenwagen der Klinik erleuchtet war wie ein Schaufenster der Rue de la Paix. Doktor Verne saß auf seinem Platz, und im Licht thronte allein, kerzengerade auf einem Berg von

Kissen, die Frau des Röntgenologen, die im Verdacht stand, Vernes Mätresse zu sein.

Sie spielte einen Engel. Die Augen halb geschlossen, lächelnd, eine Hand auf dem Lichtschalter, erschien und verschwand sie nach Belieben, während sie über Land fuhren.

Madame de Bormes bat Guillaume, sich aus der Tür zu lehnen und dem Doktor zuzurufen, sie sollten das Licht auslassen. In dieser Gegend, wo jede Lampe einen der Gefahr aussetzte, als Spion erschossen zu werden, war es gefährlich, Engel zu spielen.

Clémence und Guillaume verstanden sich. Sie pressten die Nase an die Fensterscheiben wie Kinder, die es nach einem Gebäck gelüstet.

Sie drangen in die Kulissen des Dramas vor. Die Bühne kam näher, und sie betrachteten diese Einsamkeit, die Bäume rechts und links, die von Kanonendonner erfüllte Nacht. Glichen sie nicht jenen Musikliebhabern auf der Galerie, die, über einen schwarzen Abgrund gebeugt, Strawinsky lauschen?

Sie wurden der endlosen Fahrt nicht müde. Sie ertrugen den braunen Geruch der Schlachtfelder, den eintönigen Lärm des einstürzenden Horizonts.

Bald würde dieser Lärm nicht mehr der eines Hoftors sein, das man aus dem fünften Stock zuschlagen hört. Er würde den Wagen erzittern lassen, ihn in blitzende Lichter hüllen. Die Prinzessin und Guillaume hofften jeder für sich auf diesen großen Moment.

Was für ein rätselhaftes Gesetz verbindet einen Guillaume, eine Madame Valiche, eine Princesse de Bormes wie Quecksilber? Ihre Abenteuerlust läuft vom Ende der Welt zusammen und verschmilzt.

Plötzlich bog der Leitwagen in einen Seitenweg ein und blieb stehen. Man konnte ein Gitter und Torpfosten erkennen. Was ging da vor sich? Ganz einfach. Verne besaß im Pariser Umland ein Anwesen. Dorthin wollte er hundert Geranientöpfe bringen. Ohne ein Wort zur Prinzessin, deren Spott er fürchtete, hatte er die Fahrzeuge heimlich voll Blumentöpfe geladen und mit Madame Valiche beschlossen, diesen riesigen Umweg zu fahren.

Statt sich der Front zu nähern, entfernten sie sich also von ihr.

Als die Princesse de Bormes das Manöver

durchschaute, geriet sie außer sich. Der Doktor lud seine Geranien aus. Sie packte ihn am Ärmel. Doch als sie ihn gerade mit Vorwürfen überhäufen wollte, wandte er ihr ein so komisches Gesicht zu, dass sie laut lachen musste. Tatsächlich trug er eine Brille, deren Gummiumrandung ihm ein griechisches Profil verlieh. Dieses Lachen rettete ihn. Die Prinzessin konnte es nicht bezwingen. Sie ging ins Automobil und lachte, bis ihr die Tränen kamen. Dieser Lachanfall dauerte so lange, wie der Doktor und seine Komplizen die Töpfe davontrugen. Er flaute ab, als Verne verlegen zurückkam, um sich bei ihr zu entschuldigen. Da lachte sie erneut los.

Das ist eine Frau, mit der man sich verstehen kann, dachte Guillaume. Sie fand Platz in seinem Spiel. Er bedauerte seine fromme Tante.

«Glauben Sie an Gott, Madame?», fragte er sie.

«Ja», antwortete Clémence, «vor allem, wenn ich Angst habe. Zum Beispiel in der Eisenbahn.»

Sie erreichten M… bei Tagesanbruch.

Die steile Straße war voller Menschen. Der Bischof, im Schultermäntelchen, war dort schon zugange. Er verließ diese Straße nur, um auf seine Kanzel zu steigen. Er war ehrgeizig. Er liebte Pomp und Ehren. Daher gab er keinen Zollbreit seines Ruhmes preis.

Dieser theatralische Mann stand aufrecht da, die Robe bis über die violetten Waden geschürzt, als habe die abgezogene deutsche Flut Pfützen hinterlassen.

Er hatte die Stadt in seinen Bann geschlagen, dem Bürgermeister die Luft abgeschnürt und herrschte wie ein Kapitän auf seinem Schiff.

Die Frauen küssten seinen Amethystring, die Männer erwarteten seine Befehle. Stattlich und aufgeblasen stand er da, eine fabelhafte Fuchsie.

Beim Anblick des Zuges, der seine Stadt durchschnitt, runzelte er die Stirn und merkte sich mühelos das Aussehen der Fahrzeuge. Die Prinzessin hätte gerne seinen Segen empfangen, doch Gentil war Freidenker. Er glaubte nicht einmal ans Tischerücken wie Madame Valiche, die von so viel Ungläubigkeit entzückt war.

«Das Ungeheuer», sagte sie, «er glaubt an gar nichts.»

«Doch, Madame», antwortete der Zahnarzt mit verächtlicher Stimme, «ich glaube. Ich glaube an die Vibrationen des Äthers.»

Der Bischof kam ihnen lächerlich vor.

«Er ist schon in aller Frühe im Ballkleid!», rief Madame Valiche.

«Schönen Tag auch – Dominus vobiscum amen[11]», murmelte der Doktor, und unter dem zürnenden Blick des großen Greises fuhr ihr Automobil mit den anderen im Gefolge vorbei.

Man kann eine Stadt schneiden; einen Bischof schneidet man nicht. Für diesen Fehler sollten sie am übernächsten Tag bezahlen. Doch vorerst war der Leidtragende ein Seminarist. Er suchte seinen Bruder, von dem er ohne Nachricht war, und hatte erwirkt, dass der Konvoi ihn mitnahm. Er duckte sich auf seinem Sitz im letzten Wagen, doch der Adlerblick des Bischofs hatte beim Vorbeifahren sämtliche Knöpfe seiner Soutane gezählt. Er fühlte sich verloren. Madame Valiche dachte an ihn. «Armer Vobiscum», sagte sie zum Doktor, «er wird sich recht in der Klemme fühlen.» Vobiscum nannte sie die Priester. Doch der Doktor schlief. Madame Valiche deckte ihn mit einem Umschlagtuch zu und nahm seine leblose Hand.

Der Himmel war rosa. Die Hähne krähten. Die Kanonen ließen die Scheiben wackeln. Böschungen, Rauch, Munitionswagen, Pferde waren rosa. Am Rand eines rosa Rübenackers wuschen sich ein paar hemdsärmelige Dragoner. Die vorbeifahrenden Frauen versetzten sie in Erstaunen. Die Prinzessin, die ihnen zuwinkte, sah noch lange ihre rosa Gesichter mit den runden Augen und den offenen Mündern vor sich.

Die Kulissen, sagte sie sich. Da sind die Schauspieler, die Statisten, die sich ankleiden.

Von Apfelbaum zu Apfelbaum, von Posten zu Posten näherten sie sich einem Marktflecken, wo man die Verwundeten in einem runden Zelt aufnahm, das wie ein Zirkus mitten auf dem Platz stand. Madame Valiches Wagen hielt an. Sie suchte nicht das Feuer, sie suchte dessen Opfer.

Ein paar junge Ärzte empfingen diese unerwartete Verstärkung freundlich, wenn auch erstaunt. Man öffnete eine Kiste, verteilte Flaschen und ließ den leitenden Arzt benachrichtigen. Dem leitenden Arzt waren diese Zivilisten ein Dorn im Auge. Schroff verweigerte er Madame de Bormes die Verwundeten, um die sie ihn bat.

«Nein, Madame!», schrie er. «Das Stroh ist der Luxus der Verwundeten. Sie brauchen nichts anderes. Im Übrigen *lasse man die Verwundeten doch in Ruhe.* Die Verwundeten werden noch zur *Plage* dieses Krieges werden.»

Alle Mitglieder des Konvois hörten wortlos zu. Die Prinzessin stand kurz davor, die Waffen zu strecken. Doch Vulgarität bezwingt Vulgarität. Der Stabsarzt war für nichts anderes empfänglich. Er hasste Clémence' Charme. Madame Valiche eroberte ihn im Sturm. Mit außerordentlichem Geschick ließ sie Guillaumes Namen fallen. Der Stabsarzt war wie verwandelt. Seine Gehilfen entspannten sich. Der Stabsarzt weigerte sich, seine Verwundeten herauszugeben, doch er erlaubte, dass man Süßigkeiten an sie verteilte und sie verband. Er nannte ihnen ein Gehöft neun Kilometer weiter, wo es den Verwundeten so schlecht erging, dass man sie ihnen sicher überlassen würde.

Im Zelt siechten etwa dreißig Märtyrer auf Strohballen dahin. Ein unbeschreiblicher, süßlicher Geruch, zu dem sich das schwarze Moschusaroma des Wundbrandes gesellte, drehte einem den Magen um. Die einen hatten aufgedunsene, gelbe, mit Fliegen bedeckte Gesichter; andere hatten die Blässe, die Magerkeit, die Gebärden der Mönche des El Greco[12]. Alle sahen sie aus, als seien sie einer Schlagwetterexplosion entronnen. Das Blut gerann auf ihren zerfetzten Uniformen, und da diese Uniformen keine bestimmte Farbe oder Form mehr aufwiesen, konnte man nicht erkennen, wer die Deutschen und wer die Unsrigen waren. Eine tiefe Benommenheit vereinte sie.

Als sie diese Stätte betrat, fürchtete Madame de Bormes, sie würde ohnmächtig werden. Mit übermenschlicher Anstrengung fand sie ihr Gleichgewicht wieder. War sie nicht die Urenkelin eines Mannes, der lieber ein Glas zermalmt und heruntergeschluckt hatte, als sich zu ergeben?

Eine wirkliche Überraschung war Madame Valiche. Sie war in ihrem Element angekommen. Diese Todeshallen verwandelten sie. Sie scherzte, sprach im Kasernenjargon, bereitete Binden und Spritzen vor, schnitt Mäntel auf, legte Verbände an, spritzte, verweigerte oder verteilte Wasser.

«Hopp, meine Kleine!», rief sie der Prinzessin zu, die so linkisch herumstand wie Madame Valiche es vielleicht auf einem Ball getan hätte, «hopp! An die Arbeit! Reichen Sie mir die Schere. Aber nein, nicht aufknöpfen. Schneiden! Schneiden Sie! Das bezahlen nicht Sie, Prinzessin, das geht auf Staatskosten.»

Sie kniete neben dem, was von einem Menschen übrig war, und lachte.

Der Ekel ließ Madame de Bormes ihr Unterfangen fast bereuen. Doch dann merkte sie, dass Madame Valiches Worte wirkten, dass die jungen Ärzte sie als Kollegin behandelten und dass sie es war, die Prinzessin, die kein gutes Bild abgab.

Sie blickte sich suchend nach Guillaume um. Guillaume scherte sich wenig um christliche Nächstenliebe. Er bediente sich seines Namens, um das Waffenlager in Augenschein zu nehmen und Revolver zu beschlagnahmen.

Am Abend fuhren sie weiter zu dem Gehöft. Es regnete und es war kalt. Das Gehöft lag auf freiem Feld. Sein Hof, der sich zur Mitte hin hochwölbte, ließ das schlammige Wasser in die Ställe laufen. Diese Ställe beherbergten eine gefangen genommene deutsche Ambulanz. Es waren nur Verwundete des Feindes da.

Die Beratungen fanden im Regen statt, im Licht einer Laterne, die der schlaftrunkene leitende Arzt schwenkte. Ihm sei nichts lieber, wie er sagte, als dieses Ungeziefer verschwinden zu sehen.

Der deutsche Stabsarzt hielt eine Mistgabel und eine Laterne. Man konnte die Verwundeten im Dunkeln nicht erkennen. Er stocherte mit seiner Mistgabel herum. Das war sein Ausleseverfahren. Die am schwersten Getroffenen schrien am lautesten. Er übergab ihre Akten dem Zahnarzt. Dann zog man diese Unglücklichen aus dem Schlamm und trug sie in den Hof.

Einem von ihnen, der auf einer Tragbahre lag, leuchtete ein Scheinwerfer ins Gesicht. Er war jung. Er lebte, doch seine beiden Hände waren abgerissen. Er angelte mit der Zunge nach einer Kette, die er um den Hals trug, und nahm die Heiligenmedaillen in den Mund. Wahrscheinlich betete er um ein Wunder: dass er in seinem Bett aufwachte, in Deutschland, und seine Hände wiederhätte. Der Stabsarzt nahm ihm die Medaillen aus dem Mund, indem er mit einem Zinken der Mistgabel an der Kette zog. Der Verstümmelte ließ ihn gewähren und begann wieder von vorn.

Als man den armen Menschen auf die Beine stellte, hatte er einen entsetzlichen Reflex. Er wollte nach den Kupferstangen des Krankenwagens greifen und reckte seine Stümpfe hoch.

Er fiel in Ohnmacht, und die Sanitäter hievten ihn hinein.

«Uff!», sagte unser Stabsarzt zu dem preußischen Kollegen, «*vous content?* Sie zufrieden?» Und er wiederholte, um sich ihm verständlich zu machen, mit deutschem Akzent: *«Fous gondent?»*

Doch der Gefangene biss sich auf die Lippen und erteilte seine Anweisungen durch Zeichen.

«Wie ärgerlich», sagte Madame Valiche zur Prinzessin und schob mit ihren schmutzigen Händen ein paar Haarsträhnen zurück unter ihre Haube, «Körbe voll für das Val-de-Grâce[13]. Kein Stück für die Rue Jacob. Nun, aufgeschoben ist nicht aufgehoben.»

Die Prinzessin bewunderte diese Frau beinahe.

«Aber Madame», fragte sie mit einer Arglosigkeit, die in den besseren Kreisen als Niedertracht galt, «was machen Sie denn, wenn kein Krieg herrscht?»

«Ich? Morgens reite ich im Bois[14] aus. Weißes Zaumzeug, blasslila über den Ohren. Ritz von fünf bis sieben. Ich deklamiere. Ich nehme Unterricht bei Romuald[15]. Ich deklamiere samstags im Petit Palais, im Club der Ehrenflieger. Glauben Sie nur nicht, dass ich immer Kittel trage. Ich habe meinen Stil. Ich mag verführerische Kleider, Fußkettchen, welkende Veilchensträuße und Filzhüte mit Rembrandtfedern. Kennen Sie ‹Des Paukenschlägers Braut›[16]?»

Madame de Bormes sank in einer Taucherglocke bis auf den Meeresgrund. Madame Valiche eröffnete ihr Labyrinthe.

«Olé! Olé!», schloss diese Frau. «Zurück zu den Boches[17].»

Sie vollführte eine Pirouette und deutete einen spanischen Tanzschritt an.

«Ich habe Gentil beim Ball der Zahnstocher kennengelernt, wissen Sie», sagte sie mit einem belgischen Akzent, schon in der Stalltür. «Er trug ein Burenkostüm, und ich ging als Carmen. Ein Aug dich bewacht.[18]»

Sie verschwand.

Die Princesse de Bormes konnte sich Madame Valiche nirgendwo anders vorstellen als nachts auf den Landstraßen, die Hände in den Taschen ihres Männermantels, oder tags beim Leeren von Nachttöpfen. Sie glaubte, weit gereist zu sein, eine Menge Menschen kennengelernt zu haben, doch es war ihr nicht bewusst, dass sie ihre eigene Atmosphäre mit sich trug wie die Erde, und wie die Erde hatte sie Mühe zu glauben, dass es noch andere bewohnte Welten gab.

Diese Person auf der einen Seite und so viel Grauen auf der anderen waren eine harte Probe. Denn wie geistreich, exzentrisch und selbstbewusst eine Frau von Welt, ja selbst eine von der Welt missbilligte Frau auch sein mag, sie bewegt sich doch auf einer Amateurbühne, und die erste Begegnung mit einem echten Theater lähmt die Ungezwungenheit ihrer Bewegungen.

Die Prinzessin musste sich schnell wieder fassen. Sie war keine Frau, die eine Niederlage einstecken mochte. Sie durfte nicht mitten in diesem Hof stehen bleiben wie ein lebender Vorwurf. Sie musste über Madame Valiche lachen und sich an die Arbeit machen. Binnen einer Minute war ihr Entschluss gefasst. Sie sprengte ihre Fesseln. Und als Madame Valiche aus dem Stall kam und rief: «Ich habe einen ganz ohne Beine!», antwortete die Prinzessin ihr mit klarer Stimme: «Kann ich Ihnen beim Tragen behilflich sein?»

Auf der Rückfahrt im Automobil leerte Guillaume seine Taschen, die er mit deutschen Magazinen und Schulterklappen vollgestopft hatte. Er führte Madame de Bormes diese unheimliche Sammlung vor.

Die Prinzessin, die vom Gestank der Kulissen zunächst enttäuscht gewesen war wie eine Debütantin, gewöhnte sich allmählich daran.

Sie war müde. Guillaume nicht. Er machte es ihr mit Kissen bequem und schlief vor ihr ein.

Sein Kopf hing hinab, seine Zunge schaute zwischen seinen halb geöffneten Lippen hervor. Seine Hand, die auf dem Türgriff lag, fiel schwer herunter. Er sah aus wie die Verwundeten.

Madame de Bormes schlief ebenfalls ein.

«Zehn Minuten Rast, Imbiss! Alles aussteigen!»

Madame Valiche riss den Wagenschlag auf.

«Wo sind wir?», fragte Clémence noch halb im Schlaf.

Guillaume sprang aus seinem Traum auf die Straße.

«Wir erreichen M..., schöne Prinzessin, und unsere Verwundeten schreien, dass es eine Lust ist.»

Tatsächlich waren in der kalten Nacht fremdartige Klagelaute zu hören, Verwünschungen, Schläge gegen Wände.

«Sie haben Schmerzen», sagte Clémence. «Die Straße ist voller Löcher.»

«Das hat Sie nicht am Schlafen gehindert.

Und es ist zu ihrem Besten. Wir bringen sie in die Heia. Sie wissen nicht, was für ein Glück sie haben. Aber die Krux liegt woanders. Wir sind liegen geblieben. Fünf Fahrzeuge ohne Benzin!»

So war es. Es galt keine Minute zu verlieren. Der Wagen der Prinzessin und der von Madame Valiche mussten Benzin holen. Und die Erkundigungen hatten ergeben, dass allein der Bischof die Requisition genehmigen konnte. Es war sechs Uhr morgens. Die Klagen der Verwundeten beschleunigten Madame de Bormes Entschluss. Man befand es für klug, den Seminaristen mitzunehmen, dessen Suche nach seinem Bruder vergeblich geblieben war. Man schob ihn in den Wagen, in dem Gentil döste, und fuhr gegenüber der Freitreppe des Bischofs vor. Die Prinzessin läutete. Eine alte Dienerin machte auf. Ein junger Priester folgte ihr. Madame de Bormes erklärte ihm ihr Missgeschick. Der junge Priester, der seine Soutane zuknöpfte, hatte Erbarmen und bat die Dienerin, Brot und Marmelade zu holen, während er Monseigneur verständigte.

Monseigneur, stets im Einsatz, hatte durch die Ritzen seiner Fensterläden die Überreste der Kavalkade wiedererkannt. Er zog sich an, stürmte die Treppe hinunter und herrschte Clémence an, ohne sie zu Wort kommen zu lassen. Er war bleich vor Zorn. Seine Strafpredigt bezog sich auf ihren Durchzug am Vortag. Er *allein* stelle Fahrbefehle aus. Der gesamte Sanitätsdienst unterstehe *einzig* seiner Kontrolle. Er schere sich einen Dreck um ihre Genehmigungen, und er würde ihnen keinen Tropfen Benzin geben.

«Ah!», rief dieser gute, aber von Richelieu[19] geblendete Mann, der jedenfalls *rotsah*, «ah! Sie wollten mich übergehen. Nun, meinetwegen. Sehen Sie zu, wie Sie zurechtkommen.»

«Kommen Sie», befahl er dem jungen Priester knapp.

Mit diesen Worten ließ er die Prinzessin stehen, durchquerte das Vestibül und öffnete die Tür zur Straße.

Doch dort erwartete ihn eine Apotheose.

Während der Rückfahrt hatten Madame Valiche und Gentil geleert, was in den Kisten übrig war. Im Wagen häuften sich die Unordnung und der Schmutz eines Speisewagens. Sie waren betrunken vom Cordial-Médoc. Ihre zärtlichen Gefühle waren nicht mehr zu übersehen. Der Bischof sah von seiner Freitreppe dieses hingelümmelte Paar, die Flaschen, den Seminaristen.

Er fuhr zusammen. Madame Valiche öffnete ein irres Auge.

«Schnell, Liebling, schnell», rief sie dem Doktor zu, «her mit deinem Mund, da sind die Pfaffen!»

Madame de Bormes, die ebenfalls herausgetreten war, sah nur noch den Rücken des Bischofs. Er eilte in einem feinen Nieselregen zur Kathedrale. Wie am Vortag schürzte er seine Robe mit vollen Händen.

Weder Madame Valiche noch Gentil waren in der Lage, zu begreifen, wie schändlich ihr Betragen war.

Madame Valiche hing am Hals ihres Geliebten und sang Manon[20]. Der Seminarist schluchzte. In diesem verregneten Schauspiel lag etwas Nichtwiedergutzumachendes.

Guillaume rettete die Lage. Er war zum Bürgermeister gegangen, hatte den Namen Fontenoy fallen gelassen. Der Bürgermeister, entzückt, dass man seine Macht anerkannte und den Bischof links liegen ließ, hatte Kanister über Kanister herausgegeben.

Man schaffte das orgiastische Paar fort. Es schlief. Die Benzintanks wurden aufgefüllt, und der klagende Zug setzte sich wieder in Bewegung.

Wenn Madame de Bormes später auf den dunklen Straßen diese Klagen hörte, überkamen sie oft Skrupel. Sie fragte sich, ob sie durch ihren Tatendrang nicht manchem Sterbenden den Rest gab. Die immer länger werdenden Wege zwischen Front und Hauptstadt waren von Traktoren stark beschädigt. Jede Erschütterung bedeutete für diese Männer Höllenqualen. Wäre es nicht besser, sie trotz fehlender Behandlungsmöglichkeiten an Ort und Stelle zu lassen? Sie würden in Ruhe sterben.

Doch wenn sie sie dann, nachdem sie die Ambulanz in der Rue Jacob gefüllt hatte, im Hôpital Buffon, im Peupliers oder im Val-de-Grâce besuchte, verstand sie, dass ihr Vergnügen nicht kriminell war.

Diese bewundernswerte Frau, die ganz allein den zivilen und militärischen Machthabern die Richtung zu einer Organisation wies, die sich erst viel später herausbildete, suchte nach Entschuldigungen für ihr Tun.

Nachdem ihre Tochter wieder auf den Beinen war, zog Madame de Bormes zurück in ihre Wohnung in der Avenue Montaigne. Sie pendelte zwischen Avenue und Klinik und brach manchmal sogar direkt von zu Hause auf, um sich an den Toren von Paris dem Konvoi anzuschließen.

Guillaume war das verwöhnte Kind des Hauses. Er hatte dort ein Zimmer, sodass er nach allzu schweren Fahrten nicht zu seiner Tante nach Montmartre zurückkehren musste. Im Übrigen verschwendete er kaum einen Gedanken an seine Tante. Er tauchte zehn Minuten in der Woche bei ihr auf und schob einen Posten als Verbindungsmann vor.

Er sagte: «Ich habe eine Verbindung, meine Verbindung», wie früher die Tunichtgute. In seinem Zimmer häufte er Helmspitzen und Granatsplitter an.

Die Feuertaufe erhielten Clémence de Bormes und Guillaume in Reims. Als sie über die Hügel kamen, sahen sie die Stadt unter sich liegen wie den Scheiterhaufen der Jungfrau von Orléans. Ihr dunkler Rauch zog flach dahin, lang gestreckt wie der eines Ozeandampfers auf See.

In der Stadt wuchs das Gras, Bäume ragten aus den Fenstern. Entzweigerissene Wohnhäuser zeigten die geblümten Tapeten ihrer Schlafzimmer. In einem war noch eine Kommode, ein Bild an der Wand. Über den Rand eines anderen hing ein Bett.

Die Kathedrale war ein Berg von alter Spitze.

Die Militärärzte, durch die heftigen Bombardierungen zur Untätigkeit verurteilt, warteten im Keller des «Lion d'Or» auf eine Feuerpause. Dreihundert Verwundete füllten das Hospiz und das Krankenhaus. Reims stand im Kriegsfall unter dem Schutz eines Stadtrats, der sich um nichts scherte, und konnte die Bevölkerung weder evakuieren noch ernähren. Die Verwundeten starben an ihren Verletzungen, am Hunger, am Durst, am Wundstarrkrampf, am Beschuss. Tags zuvor hatte man im Krankenhaus einem Artilleristen mitgeteilt, man müsste ihm ohne Chloroform das Bein amputieren, dies sei seine einzige Überlebenschance, und er rauchte gerade bleich eine letzte Zigarette vor der Marter, als eine Granate das gesamte chirurgische Material in die Luft jagte und zwei Feldärzte tötete. Niemand wagte, sich bei dem Artilleristen wieder blicken zu lassen. Man musste den Wundbrand an ihm wuchern lassen wie Efeu an einer Statue.

Solche Szenen wiederholten sich zehnmal am Tag. Bei den Schwestern hatte man für hundertfünfzig Verwundete eine Tasse ranziger Milch und eine halbe Dauerwurst. In einem langen löchrigen Saal ging ein Priester von Strohsack zu Strohsack und spendete die Sakramente, und um den Verwundeten die Hostie in den Mund zu legen, öffnete er ihnen die Zähne mit einer Messerklinge.

Die Dienste, die der Konvoi leisten konnte, waren begrenzt, doch die Stabsärzte betrauten Gentil mit Briefen, in denen sie um Hilfe baten. Man lebte unter einer Laube aus unseren Geschossen, die mit dem Lärm eines Schnellzugs vorbeirasten, und den deutschen Granaten, die ihren seidigen Bogen mit einem schwarzen Klecks von Blitz und Tod beschlossen.

Die Not dieser Stadt war auf ihrem Höhepunkt, ihre Nerven lagen blank. Man sah überall Spione und war mit Erschießungen schnell bei der Hand. Die Prinzessin, Madame Valiche und Guillaume begegneten einer Patrouille, die tatsächlich drauf und dran war, den russischen Maler an die Wand zu stellen. Man hatte ihn beim Zeichnen der Kathedrale angetroffen. Der magische Name rettete ihn und verhinderte, dass man ihm weitere Mitglieder des Konvois beigesellte.

Auf Clémence und Guillaume wirkte diese unerträgliche Atmosphäre belebend. Sie gingen Madame Valiche zur Hand, deren Eifer keine Grenzen mehr kannte und die beide Lazarette in Erstaunen versetzte.

Sie schlug vor, die Wagen mit Verwundeten vollzuladen. Sie würde mit dem Doktor in Reims bleiben, und am nächsten Tag könnte eine neue Ladung abgeholt werden. Die Prinzessin und Guillaume beschlossen, ebenfalls zu bleiben.

«In meinen leeren Wagen», sagte Clémence, «passen zwei Männer. Ich kann ihnen unmöglich den Platz wegnehmen.»

Sie schliefen unter Decken im Keller des «Lion d'Or». Die Stadt wurde von den Granaten geschlagen wie ein Schiff von den Wellen eines Sturms. Sie erschütterten sie jedes Mal bis ins Mark.

Die feindlichen Geschütze zielten auf den Gasometer. Sie umkreisten ihn, tasteten sich heran wie ein Blinder, der nach einem Türknauf sucht. Diese Gefahr raubte allen noch den letzten Nerv.

Guillaume bewunderte die Tapferkeit von Clémence de Bormes, sie bewunderte die seine. Dabei war Guillaumes Tapferkeit Kinderei, die der Prinzessin Leichtsinn. Dafür bekamen sie den Beweis. Die Prinzessin hatte das Schlimmste ertragen. Sie hatte ein Pferd um die Ecke biegen sehen, das durch seine eigenen Eingeweide hinkte. Sie hatte gesehen, wie eine Gruppe Artilleristen neben ihrem Geschütz zerfetzt wurde. Doch sie hielt sich für unverwundbar.

Als einzige Frau in dieser Stadt, oder beinahe, erwartete sie vom Tod eine gewisse Ritterlichkeit. Sie ging mit ihm auf Tuchfühlung, ohne ihn zu fürchten.

Doch als sie auf dem Weg vom Krankenhaus zum Hospiz in fünfzig Meter Entfernung sah, wie das Feuer des Himmels eine arme Frau aus Reims und ihre kleine Tochter traf, und plötzlich begriff, dass die Granaten Frauen nicht verschonten, wurde sie von einer Angst ergriffen, wie sie reiche Temperamente manchmal befällt. Sie begann zu schreien, kreuz und quer zu rennen, nach Guillaume zu rufen.

Guillaume, der beim Stöbern in den Trümmern

gerade von einer Explosion weggeblasen und gegen einen Pfosten geschleudert worden war, kam mit einem angeschlagenen Knie, aber sonst unversehrt herbeigehinkt. Er war grün im Gesicht.

Clémence rang die Hände. Sie redete von ihrer Tochter, bezichtigte sich, eine Rabenmutter zu sein, flehte Guillaume an, sie augenblicklich wegzubringen.

Das war leichter gesagt als getan. Die Automobile würden erst am Abend zurück sein.

Der Rest des Tages war die Hölle. Madame Valiche kümmerte sich um Clémence, die am ganzen Leib zitterte.

Die Wagen kamen zurück, bis auf einen. Den des Müßiggängers. Des Schmarotzers, wie die Bande ihn nannte. Die Deutschen hatten ihr Geschütz auf den Konvoi gerichtet, diese verdächtige Ameisenstraße, die den Hügel entlangzog. Die Granaten versuchten die Wagen zu erwischen wie Spielsteine. Schließlich hatte eine davon den des Müßiggängers vom Brett geschlagen, und es blieb keine Spur von ihm.

Sie mussten die Dunkelheit abwarten, um ihren Aufbruch zu verbergen.

Die Prinzessin weigerte sich zu warten. Während der russische Maler den Motor ankurbelte, schlug ein großes Geschoss, das den Gasometer treffen sollte, in das Haus ein, hinter dem das Automobil parkte. Es regnete Gips über sie, und die Scheiben zerbarsten.

So verließen Clémence und Guillaume Reims in einem ruhmreichen, doch unbequemen Wagen, ohne sich vor den Schlenkern des Russen zu fürchten.

Die kalte Luft peitschte ihnen ins Gesicht und weckte die Lebensgeister der Prinzessin.

Da hörte Guillaume diese unverbesserliche Frau murmeln: «Lasst uns umkehren, lasst uns umkehren; es ist lächerlich, Angst gehabt zu haben.»

Es gibt Leute, die alles besitzen und es niemandem glaubhaft machen können, Reiche, die so arm, und Adlige, die so gewöhnlich sind, dass die Ungläubigkeit, die sie hervorrufen, sie am Ende schüchtern werden und verdächtig wirken lässt. An manchen Frauen werden die schönsten Perlen unecht. An anderen dagegen wirken falsche Perlen echt. Desgleichen gibt es Männer, die blindes Vertrauen erwecken und Privilegien genießen, die ihnen eigentlich nicht zustehen. Zu dieser glücklichen Gattung gehörte Guillaume Thomas.

Man glaubte ihm. Er musste keinerlei Vorsicht walten lassen, brauchte nichts zu berechnen. Ein Stern der Lüge führte ihn geradewegs zum Ziel. So hatte er niemals den besorgten, gehetzten Gesichtsausdruck des Betrügers. Obwohl er weder schwimmen noch Schlittschuh laufen konnte, konnte er sagen: Ich laufe Schlittschuh und schwimme. Und schon hatte ihn jeder auf dem Eis oder im Wasser gesehen.

Eine besondere Fee verleiht diese Gabe bei der Geburt. Manch einer, an dessen Wiege keine andere Fee gekommen ist als diese, bringt es zu etwas.

Es kam nie vor, dass Guillaume sich selbst prüfte und dachte: Wie komme ich da wieder heraus?, oder: Ich mogele, oder: Ich bin ein Schurke, oder: Ich bin ein schlauer Fuchs. Er ging, aufs Engste mit seiner Fabel verbunden, seinen Weg.

Je mehr er in seiner Rolle lebte, desto mehr verschmolz er mit ihr und desto mehr Feuer brachte er in sie ein, desto mehr von diesem Freimut, der überzeugt.

Seit einer Weile besaß er ein neues Spielzeug: vom Tod seiner Vettern vor den Augen ihres Vaters zu erzählen. Sein aberwitziger Bericht war naiv gezeichnet und koloriert wie ein Bilderbogen.

Nach dem Beispiel dieser Bilder war seine Darstellung höchst anschaulich und erschien wirklicher als die Wirklichkeit. Er berührte in seinen Zuhörern das Kind, das in jedem von uns weiterlebt. Manchmal setzte er dem Bild ein paar Goldtupfer auf. Er war selbst ganz ergriffen. Seine Augen füllten sich mit Tränen. Man konnte ihm nicht ohne Rührung zuhören.

Da er nie jene Vorsicht walten lassen musste, die Spitzbuben ins Verderben stürzt, erzählte er diese heldenhafte Episode im Haus der Prinzessin bei Tisch, vor lauter kriegserfahrenen Männern. Er täuschte Zivilisten wie Militärs, was einmal mehr bestätigt, dass die Wahrheit, selbst wenn sie falsch ist, aus Kindermund spricht.

Paris füllte sich wieder. Diejenigen, die Hals über Kopf geflohen waren, kamen einer nach dem anderen zurück. Jeder rechtfertigte seine Abreise vor den paar wenigen, die geblieben waren. Die einen schoben dienstliche Gründe vor, die anderen ihre kleine Tochter, wieder andere ihre alte Mutter, die Wichtigkeit ihrer eigenen Person, die die Deutschen als Geisel genommen hätten, oder die vaterländische Pflicht.

Pesquel-Duport, der Direktor des «Jour», von seinen Freunden *der Direktor* genannt, einer der zehn Mitglieder des Kreises der Princesse de Bormes, versuchte ihr zu beweisen, dass sie unrecht gehabt hatte, auch wenn die Umstände ihr recht gaben – das Schicksal sei zwar ausnahmsweise einmal so verrückt und so liebenswürdig gewesen wie sie und Kluck[21] sei nicht in Paris einmarschiert, aber im Prinzip sei er es eben doch.

Im Prinzip. Gerade weil Clémence keine Prinzipien kannte, war sie hellsichtig, und der Mangel an Prinzipien war auch der Grund dafür, dass der Erfolg unseres Unternehmens dem gesunden Menschenverstand unverständlich blieb.

Gewöhnlich schätzen es die Freunde eines Hauses überhaupt nicht, dort neue Gesichter vorzufinden. Doch Guillaume wurde von dieser Regel ausgenommen.

«Ich habe Ihren Vater in der Kammer gut gekannt», sagte Pesquel-Duport zu ihm.

Er war und blieb ein verwöhntes Kind. Und es verwöhnten ihn immer mehr Leute.

Er hatte Clémence gesagt, er leide wegen eines Splitters der Granate, die den Oberschenkel des General d'Ancourt zerfetzt hatte, an Knieschmerzen. Dieser Splitter wurde zu einem Bravourstück. Sein Heldenmut trug ihm einen Platz unter den Männern ein, und sein Bilderbogen öffnete ihm alle Herzen.

Denn er hatte sich, nicht etwa aus List, sondern aus Eitelkeit, nie etwas von seiner Überraschung bei seinen ersten Fahrten an die Front anmerken lassen.

Im Übrigen gehörte die Geschichte um Reims der Prinzessin. Er überließ sie ihr. Die Wahrheit flößte ihm das Unbehagen der Lüge ein. Reims interessierte ihn nicht, störte ihn eher.

Guillaumes bestes Publikum war Madame de Bormes Tochter, Henriette. Wir sagten ja schon, dass sie zur Gattung der Zuschauer gehörte. Bis dahin war ihre Mutter die einzige Figur auf der Bühne gewesen. Jetzt waren es zwei.

Ohne jeden Aberglauben in Fragen von Kasten, Titeln und Reichtum erzogen, hatte Henriette ihre Mutter die Menschen immer nach ihrem Verdienst beurteilen und Künstler auf die gleiche Stufe mit Fürsten stellen sehen. Doch sie war sehr jung, ging wenig aus und hatte selten Gelegenheit, außergewöhnlichen Menschen zu begegnen.

Dank des Krieges, der wie Eisenbahnunfälle Begegnungen begünstigt, lernte sie nicht nur einen solchen Menschen kennen, sondern er war zudem noch in ihrem Alter, und sie lebten Seite an Seite.

Unnötig zu beschreiben, wie die Geschichten, die selbst die alte Garde erweichten, auf dieses naive Gemüt wirkten.

Sie liebte Guillaume. Er verschmolz in ihren Gedanken mit ihrer Mutter, und da ihre Mutter ihn wie einen Sohn behandelte, sah sie in dieser Vermischung nichts Schuldhaftes.

Die Prinzessin schaute, wie wir schon sagten, durch Wände hindurch; doch sie las nicht, was auf ihnen stand. Sie bemerkte nichts von diesem wunderbaren Mechanismus: dem Erblühen einer Rose. Guillaume auch nicht. Aber die Jugend hat ihre ansteckenden Krankheiten. Guillaume, der Falsche, war ohne Falsch. Sein unberührtes Herz konnte in Tiefen blicken, in die sein kindlicher Geist nicht hinabreichte.

Seit er in den Hof der Klinik getreten war, studierte Guillaume voller Gier das Leben. Er war in diesem Hof geboren. Ohne sich im Geringsten für sein Glück zu beglückwünschen, bereicherte er sich, entwickelte er sich, gedieh er jeden Tag mehr.

Jeder Mensch trägt auf der linken Schulter einen Affen und auf der rechten Schulter einen

Papagei. Ohne dass Guillaume sich darum bemühte, wiederholte sein Papagei die Sprache einer privilegierten Welt, während sein Affe deren Gesten nachahmte. So drohte ihm nicht das Los von manchen Exzentrikern, die eine Woche lang aufgenommen und dann von der Gesellschaft wieder verstoßen werden. Er schuf sich seinen Platz und schien, von seinem Namen beglaubigt, seit jeher dort aufgewachsen zu sein.

Ein einziger Freund des Hauses betrachtete Guillaume mit einigem Argwohn. Es war der Direktor.

Der war seit fünf Jahren unsterblich in die Princesse de Bormes verliebt. Das Genie dieses Journalisten lag in seiner unbeirrbaren Geduld. Er hatte «Le Jour» haben wollen: Er hatte ihn. Er hatte reich werden wollen: Er war es. Er wollte diese noch junge Witwe heiraten, deren strahlendes Leuchten, das im mondänen Milieu erloschen war, seinem Werk helfen und in der Welt des Geistes funkeln würde.

Pesquel-Duport glaubte an die Welt des Geistes. Er gehörte der Zeit der Salons an. Er wünschte sich selbst einen. Er wusste nicht, dass nur die Schauspieler und die Marionetten der

Kunst offizielle Ehren genießen und dass ihre Arbeiter im Schatten bleiben. Er träumte von einem Tisch voller Blumen und Kristallgläser; darum herum die elegantesten Frauen, die erlauchtesten Männer, und in der Mitte, ihm gegenüber, Clémence.

Die Prinzessin antwortete auf seine Bitten: «Mein lieber Direktor, warten Sie. Lassen Sie uns warten. Ich würde lügen, wenn ich sagte, dass ich Sie liebe. Übrigens weder Sie noch sonst jemanden. Doch Sie sind von all meinen Männern gewiss derjenige, der mir am wenigsten missfällt.»

Sie war aufrichtig. Sie fand sein Gesicht nicht hässlich. Pesquel-Duport war dreiundfünfzig Jahre alt, und sein Haar war weiß.

Er hielt sich selbst für großartig. In der Welt des Kampfes war er es, doch gegenüber dem tiefen, feinen Geist, der auf den höchsten Plätzen so selten ist, weil dieser Geist Entscheidungen unmöglich macht, war er naiv.

Ein wirklich tiefsinniger Mensch versinkt, er steigt nicht auf. Man entdeckt ihn lange nach seinem Tod als vergrabene Säule, sei es an einem Stück, sei es nach und nach, in einzelnen Brocken. Wohingegen die großen mittelmäßigen

Intelligenzen mit ihrem Scharfblick und ihrer Ironie ungehindert aufsteigen bis auf den kleinen Sockel der Macht.

Es war die Naivität dieses ehrgeizigen Menschen, die Clémence gefiel. Denn wenn sie auch kein tiefschürfender Geist war, so verfügte sie doch zumindest, wie manche Insekten, über einen Rüssel, den sie planlos, aber tief ins Innerste der Dinge tauchte.

So fällte diese Verrückte die Urteile eines Teiresias.

Pesquel-Duport bemerkte diese Fähigkeit, ohne sie zu verstehen, und folgte ihren Ratschlägen nur zu gern. Doch was er richtig sah, was sein Scharfblick ihm zu begreifen erlaubte, war, dass sehr intelligente Frauen gewöhnlich eine männliche Intelligenz besitzen, die sie aus dem Lot bringt und ihre Persönlichkeit beeinträchtigt, während die Prinzessin ganz Frau blieb und ihre Ressourcen nur ihrem eigenen Geschlecht verdankte.

Sie erschien ihm nackt und ursprünglich, eine Eva, die den Apfel isst, der ihr gefällt, und das Paradies, dieses fertig eingerichtete Haus, frohen Mutes verlässt.

Pesquel wusste um die untadelige Sittlichkeit

der Prinzessin. Diese Gewissheit hinderte ihn nicht daran, eifersüchtig zu sein.

Die Beziehungen zwischen Cherubino und der Gräfin, zwischen Jean-Jacques und Madame de Warens, zwischen Fabrizio und der Sanseverina[22] verdarben ihm das Verhältnis von Clémence und Guillaume. Er glaubte, Guillaume sei in seine Gönnerin verliebt und die Gönnerin geschmeichelt.

Hier ließ ihn sein Scharfblick im Stich. Guillaume, der von Madame de Bormes erweckt, von ihr aus der Kindheit herausgeführt worden war, übertrug diese Schätze auf Henriette. Die Prinzessin machte ihn etwas schwindelig. Bei Henriette fand er sie wieder, aber auf gleicher Augenhöhe.

Hin und wieder stieg dieser erlesene Schauspieler in den Schatten des Zuschauerraums hinab, um sich neben Henriette zu setzen und ihrer Mutter zu applaudieren. So glich Henriette jenen Gattinnen, die nach einer Aufführung die Zärtlichkeitsbekundungen ihres Mannes empfangen, die eigentlich der Primaballerina gelten.

Guillaume schmückte dieses kleine Mädchen mit den Reizen der Prinzessin, und da sie reizend war, kostete ihn das keinerlei Mühe.

Die Princesse de Bormes öffnete ihre wegen des Krieges vernachlässigte Wohnung wieder und richtete sie neu ein. Sie kannte in ihren Freuden kein Maß. Die der Hausherrin schadeten denen des Heldentums. Sie begleitete den Konvoi nicht mehr regelmäßig, sondern stellte lediglich ihr Automobil zur Verfügung. Sie malerte, polierte, lackierte und kaufte ein. Guillaume dinierte fast jeden Tag in der Avenue Montaigne, wenn er nicht unterwegs war.

Die Fahrten wurden immer schwieriger. Der Sanitätsdienst organisierte sich, und in Frankreich macht man sich durch nichts verdächtiger, als in keinem Register zu stehen.

Im Troisième Bureau[23] kam es vor, dass ein paar Offiziere, die unter furchtbaren Gefahren aus der Gefangenschaft geflohen waren, sehr schlecht empfangen wurden. *Sie waren nicht mehr registriert.*

Dieser Geisterkonvoi war ein Ärgernis, agierte jedoch kostenlos. Also wurde er nicht abgeschafft; man legte ihm lediglich Steine in den Weg.

Guillaume fuhr fort, diese Steine zu beseitigen. Die Klinik klammerte sich an ihn wie an einen Rettungsring.

Man verfolgte die Stadien der langsamen Agonie des General d'Ancourt. Man fürchtete sein Ende, das zweifelsohne die Abberufung seines angeblichen Sekretärs zur Folge hätte.

Eines Abends um sechs Uhr wartete man auf Guillaume, dem das Hauptquartier inzwischen das Losungswort anvertraute.

Guillaume hatte mit den Radfahrern der Invalides Punsch auf Punsch gezecht. Er war betrunken. Er sang aus voller Kehle jenes Wort heraus, das Frankreich an seinem Busen verbirgt und bis in den Tod verteidigen würde.

Ein alter freiwilliger Sanitäter, der Graf d'Oronge, packte Guillaume am Kragen und schüttelte ihn. Guillaume wehrte sich und beschimpfte den Alten als Dummkopf. Der Hof bildete einen Kreis, und niemand wagte es, dem Neffen des Generals unrecht zu geben.

Nachdem der Graf d'Oronge ihn zornesbleich zu Boden geworfen hatte, stand Guillaume schließlich wieder auf, drohte Verne, lief aus dem Hof und schrie, sie würden noch von ihm hören.

Man versuchte, den Grafen zu beruhigen, der wie aufgezogen wiederholte: «Dieser Bengel!

Dieser Bengel!», und da sich in der Aufregung niemand das fatale Wort gemerkt hatte, konnte der Konvoi nicht aufbrechen.

Nach acht Uhr rief der Doktor bei der Prinzessin an. Sie erwartete Guillaume zum Abendessen; er war nicht da.

Der Anruf versetzte die Prinzessin und Henriette in Todesangst. Sie hatten gedacht, Guillaume sei in der Rue Jacob, und sahen ihn nun unter den Rädern eines Autobusses. Um neun Uhr riefen sie Verne an. Er verlor kein Wort über den Vorfall und ließ lediglich verlauten, Guillaume sei gekommen und wieder gegangen.

Pesquel-Duport, der bei Tisch war, neckte sie ein wenig; als er dann mit Clémence allein war, tadelte er sie dafür, dass sie sich von einem Schuljungen so aus dem Häuschen bringen ließ. Wer war er denn eigentlich? Woher kam er? Woher stammte er?

«Wie?», rief sie aus, «Sie kennen doch, nehme ich an, seinen Namen.»

«Wer beweist Ihnen», beharrte der Direktor, «dass es seiner ist?»

Verdutzt sagte sich Madame de Bormes da zum ersten Mal, dass sie tatsächlich nichts Genaues über Guillaume wusste. Doch ganz abgesehen davon, dass sein Erfolg ihm als Ausweis diente, wollte sie sich keine Blöße geben.

«Ich weiß über ihn», sagte sie, «was ich wissen muss.»

Und indem sie eine Sorge, die ihr plötzlich kam, vom Fleck weg in eine Rechtfertigung umwandelte, fügte sie noch hinzu: «Glauben Sie denn, dass ich jeden Dahergelaufenen mit Henriette verkehren lassen würde?»

Während in der Avenue Montaigne diese Unterhaltung stattfand, beging Guillaume, blau wie ein Pennäler, eine der wohl unbegreiflichsten Handlungen seiner Laufbahn.

Der Alkohol lüftete den fragilen Deckel der Wirklichkeit, und er lief zu seiner Tante, um sich bei ihr zu beklagen.

Die arme fromme Frau verstand nicht viel von seinem Gejammer. Sie hörte heraus, dass man ihn quälte, dass man in einem Zivilkrankenhaus seine Tressen verunglimpfte und dass Guillaume sie anflehte, sie möge dafür sorgen, dass man ihm Respekt entgegenbrachte.

Sie hielt die Tränen seines Rauschs für Tränen der Scham, brachte die Artillerieschule, die Tätigkeit als Verbindungsmann und das Krankenhaus durcheinander. Kurzum, angesichts solcher

Verzweiflung versprach sie, sich in die Rue Jacob zu begeben und mit Verne zu sprechen. Guillaume schloss sich in seinem Zimmer ein, und ohne sich auszuziehen, schlief er ein wie ein Stein.

Am nächsten Morgen schlief er noch immer, als seine Tante sich in die Rue Jacob aufmachte.

Sie saß noch keine Viertelstunde in der Pförtnerlogenpraxis, als Verne die wahre Katastrophe erfasste, dass nämlich Guillaume Thomas einfach nur Thomas hieß und dass er sechzehn Jahre alt war.

Sein Kriegskreuz drehte sich vor seinen Augen wie eine Feuerwerkssonne.

Als sie den Doktor von ihrer Familie sprechen hörte, von den Fontenoys, dem General de Fontenoy, dem Neffen des Generals, hatte die arme alte Dame ausgerufen: «Hier liegt ein Irrtum vor. Ein großer Irrtum. Guillaume ist in Fontenoy geboren, das ist alles. Er heißt nicht so. Wie konnte er nur? Oh! Oh!» Und sie erlitt einen Zusammenbruch.

Verne überschlug die Lage. Er nahm seine Kräfte zusammen. Es kam darauf an, dass Guillaume blieb, was er war, oder vielmehr, was er nicht war.

Verne hielt die Hände der alten Dame und ließ sein Fluidum in sie überströmen. Es fehlte nicht viel und er hätte dazu ausgerufen wie ein Hypnotiseur: «Sie sind Fontenoy, ich will es.»

Sie kam wieder zu sich.

«Ruhig, ruhig», sagte Verne. «Trinken Sie etwas Wasser. So, so. Schelten Sie Guillaume nicht. Er trägt einen viel zu schönen Namen, um ihn zu schelten.»

Und da die alte Dame protestieren wollte, hielt der Doktor dagegen: «Papperlapapp ... Ich will nichts hören. Ich weiß, ich weiß. Sie sind zu bescheiden.»

Diese Ungeheuerlichkeit gab der frommen Frau den Rest. Der Doktor fixierte sie mit einem fürchterlichen Blick und schob sie zur Tür.

«Und vor allem», sagte er ihr noch fast ins Ohr, «kein Wort von unserer Unterredung zu Ihrem Neffen. Beträchtliche Dinge hängen davon ab. Schwören Sie es. Schwören Sie es auf Ihr Messbuch», rief er und griff nach dem Buch, das aus ihrem Handtäschchen hervorschaute.

Die Unglückliche schwor. Sie glaubte, sie sei an einen Verrückten geraten. Sie täuschte sich kaum. Der Doktor war verrückt vor Sorge.

Er begleitete sie bis zum Torbogen, aus Angst,

mit dem Losungswort erzählt. «Guillaume ist etwas ungestüm ... Monsieur d'Oronge ist etwas taub. Guillaume hatte seine Tante zu mir entsandt, weil er sich mit mir duellieren wollte.»

Er lachte. Er versuchte, seinem dicken Haifischgesicht eine großväterliche Gutmütigkeit zu verleihen.

«Guillaume! Da ist Guillaume!»

Madame de Bormes stieß einen Schrei aus. Durch die Glastür sah man ihn zwischen den Fahrzeugen.

«Nur herein», rief der Doktor aus, als er diese Tür öffnete. «Nur herein, unser verlorener Sohn.»

In des Doktors Seele stritten sich Hass und Hochachtung. Er hasste Guillaume dafür, dass er ihn getäuscht hatte, doch er hatte Hochachtung vor seinem Geschick. Nun war es an ihm, die sich bietenden Chancen wahrzunehmen. Er hatte den Schelm in der Hand und würde ihn gefahrlos benützen können. Die Prinzessin würde ihn decken.

Dieser Mann, den Adelstitel trunken machten, dachte, es wäre unziemlich, mit der Princesse de Bormes um einen Titel zu streiten, und ihre gesellschaftliche Macht müsste groß genug sein, um eine Poularde «Karpfen» zu taufen und einen Thomas «Fontenoy», wenn sie sich je kompromittiert fände. Unfähig, die Hieroglyphe einer solchen Frau zu entziffern, unterstellte er ihr das Schlimmste und zögerte nicht, sie zur Mätresse des jungen Betrügers zu machen.

Die Prinzessin schalt Guillaume, dass er sie tags davor im Stich gelassen hatte. Er erzählte von dem Punsch.

Beim Namen von Monsieur d'Oronge sprang ihm mit einem Satz alles wieder ins Gedächtnis.

«Durch Ihre Schuld», sagte Verne, «steckt der Konvoi fest, und die Verwundeten warten. Die Wagen sollten um Mitternacht abfahren. Sie stehen noch im Hof. Übrigens», fügte er beiläufig hinzu, «habe ich Besuch von Ihrer Tante bekommen. Eine äußerst fromme Person, ganz wie der General.»

Er beobachtete Guillaume aus dem Augenwinkel. Guillaume fand die Bemerkung ganz natürlich.

«Potz Teufel!», dachte Verne, «was für ein Hund! Er ist mit allen Wassern gewaschen. Er wird es weit bringen. Er wird es weit bringen, wenn man ihn unterwegs nicht aufhält. Sorgen wir dafür, dass man ihn erst aufhält, wenn es zu spät ist.»

«Warum kenne ich Ihre Tante eigentlich nicht?», fragte Clémence.

«Sie ist eine Heilige», sagte Guillaume. «Sie verlässt das Haus nur, um in die Sacré-Cœur zu gehen. Heute Morgen ist sie sicher auf dem Weg in die Kirche Saint-François-Xavier vorbeigekommen, wo sie gern Kerzen anzündet.»

Der Doktor wiegte den Kopf und applaudierte ihm innerlich, wie ein Angeklagter vor Gericht einem Komplizen, der sich nie verplappert. Er hatte sein Lager gewählt. Er wurde nicht mehr bestohlen. Er machte mit Guillaume halbe-halbe.

Doch wie es Leute gibt, denen man glaubt, und solche, an deren Wort man zweifelt, gibt es Leute, die gewinnen, und solche, die verlieren. Der Doktor verlor.

Für Guillaume waren der Konvoi, die Ambulanz, Verne, Madame Valiche, der Zahnarzt, die Frau des Röntgenologen ein leerer Behälter. Blieb dessen Inhalt: die Prinzessin und Henriette.

Oder vielmehr: Henriette und die Prinzessin, denn seit einer Weile langweilte sich Guillaume – erste Symptome der Liebe, die vorsichtig, bevor sie in ihrem Glanz erscheint, erst einmal alles verunstaltet, entleert, entfärbt.

Guillaume magerte ab; zerrissen zwischen dem körperlichen Wachstum, seiner Rolle, seiner Wahrheit, schleppte er die Nöte einer normalen Entwicklung unter Schichten von Lügen dahin.

Guillaumes Gewohnheit, sich nicht zu analysieren, und seine rege Träumerei halfen ihm nicht dabei, klarzusehen. Er hielt sich so lange im Dämmergrau, bis er am Ende in Finsternis versank. Statt sich einzugestehen, dass er Henriette liebte, was nicht in sein Spiel passte, versteifte er sich auf dieses Spiel und schrieb sein Unbehagen der Untätigkeit, dem Mangel an Abenteuern zu.

Der General d'Ancourt starb. Guillaume ergriff die Gelegenheit beim Schopf, um aus dem Krankenhaus zu verschwinden. Verne platzte fast vor Zorn. Aber was konnte er tun?

Ohne den beiden Frauen etwas zu sagen, besuchte Guillaume Pesquel-Duport in der Zeitung. Er erdichtete, dass der Tod des General d'Ancourt ihn freistelle, dass man ihn wegen seines Beins und seines nervlichen Zustandes als untauglich entlasse; er verdanke es seinem Onkel, dass er dem General hatte folgen dürfen, und nun wolle man ihn nicht weiter einsetzen, um Fontenoy zu schonen, der schon so viele Todesfälle zu verkraften habe. Er verzehre sich im Hinterland und flehe den Direktor an, ihn in eine der Feldküchen zu schicken, welche die Zeitung an der Front betrieb. Allerdings sei es unnötig, in der Avenue Montaigne zu erzählen, dass er darum ersucht habe. Er würde behaupten, er habe den Befehl dazu erhalten.

Pesquel-Duport wäre ihm beinahe um den Hals gefallen. Es kam ihm mehr als gelegen, Guillaume zu entfernen. Er verbarg seine Genugtuung, rügte ihn und beglückwünschte ihn zugleich zu seinem Mut, um ihm dann zuzusagen, wenn er sich zu absolutem Stillschweigen gegenüber Madame de Bormes verpflichte, würde er ihn in die Feldküche von Coxyde schicken, an die belgische Front.

Die belgische Front, das waren die Belgier, die Zuaven[25], die Tirailleure[26], die Engländer, die Marinefüsiliere. Ein weites Unternehmungsfeld. Guillaume strahlte.

Die Begeisterung hielt nicht lange an. Bald fühlte er sich erneut ganz traurig, ohne recht zu wissen, warum. Er wagte nicht, mit seinen tränenfeuchten Augen zu Henriette und ihrer Mutter aufzublicken. Madame de Bormes dachte, der Tod seines Vorgesetzten gehe ihm so nahe. Die Liebe machte aus Henriette eine Stradivari, ein für kleinste seelische Schwankungen empfängliches Barometer. Sie allein las in ihm wie in einem offenen Buch und durchschaute, was ihre Mutter für Trauer und Guillaume für eine Mischung aus Langeweile und Gewissensbissen hielt.

Diese Gewissensbisse bezogen sich nicht auf eine Unredlichkeit, die in seinen Augen keine mehr war, sondern auf den Umstand, dass er den Direktor heimlich gebeten hatte, ihn von den beiden Frauen zu trennen. Zumindest diente ihm dieser bequeme Vorwand dazu, sich seinen Zustand zu erklären.

Mit gesenktem Kopf also brachte er Madame de Bormes und ihrer Tochter seine Versetzung bei. Der Schlag wurde durch den privilegierten Posten gemildert (ein Posten für Kranke, erklärte Guillaume) und durch den Zufall, der ihn einer Einrichtung zuwies, deren Fäden Pesquel-Duport in der Hand hielt.

Doch aufgrund ihrer Wesensverwandtschaft

war der Prinzessin klar, dass ein ruhiger Posten für Guillaume kein solcher bleiben würde.

«Wenn Sie mir nur keine Dummheiten machen», jammerte sie. «Ich werde den Direktor bitten, anzuordnen, dass man Sie im Auge behält.»

Die so kurze Woche bis zur Abreise nahm kein Ende. Guillaume, der glaubte, sich zu langweilen und auf seiner Schimäre zu entfliehen, knüpfte zwischen sich und den beiden Frauen jenes Band der Abwesenheit, das sich verstärkt, je länger es wird, und die Perspektive umkehrt, da wir diejenigen, die sich entfernen, ins Maßlose wachsen sehen.

Henriette schlief nachts nicht mehr. Sie sagte sich: Er liebt mich. Er glaubt, dass ich ihn nicht liebe; oder aber: Er fürchtet sich vor Maman. Er läuft davon und leidet. Ohne jede Hilfe buchstabierte sie die Fibel der Liebe. Es bedurfte aller Unruhe der Prinzessin, ihrer Leitern und ihrer Lacktöpfe, um ihr die roten Augen ihrer Tochter zu verbergen.

Nach Guillaumes Abreise, die wegen der Tränen und Geschenke tragikomische Züge bekam, wurde Henriette krank.

«Henriette ist mir ähnlich», sagte Clémence

zu Pesquel-Duport; «bis jetzt hatte sie die unerträgliche Ausgeglichenheit ihres Vaters. Aber seit einer Weile finde ich sie unmäßig, ganz wie ich. Diese Verwandlung bringt uns einander näher. Guillaumes Abreise macht sie krank. Das freut mich.»

Die Liebe des jungen Mädchens war nicht zu übersehen. Sobald er sie bemerkte, warf Pesquel-Duport diesen Ballast dem hinterher, den Guillaumes Abreise darstellte.

Doch ach, Clémence, die blinde Seherin, sah nicht, dass ihre Tochter, wie in einem Lied von Heinrich Heine, in ein Gespenst verliebt war.[27]

Die Feldküche der Zeitung «Le Jour» lagerte an der Straße zwischen Nieuport-Ville und Coxyde-Ville. Sie verpflegte und stärkte die Ablösetruppen. Sie bestand aus einem dampfenden

Alchimistenwagen, in dem sich neun Freiwillige abwechselten und am Straßenrand literweise schwarzen Kaffee oder Punsch ausschenkten. Diese Freiwilligen, die dem Rang eines Leutnants gleichgestellt waren und unter der Aufsicht eines tatsächlichen Leutnants standen, waren in Coxyde-Ville in einer finsteren Baracke untergebracht. All diese Baracken glichen Räuberhöhlen, vor allem die von Coxyde-Bains, halb zerstörte ehemalige Sommerhäuser der belgischen Badegäste entlang der Nordsee.

Nieuport-Ville, Nieuport-Bains, Coxyde-Bains, Coxyde-Ville waren aus der Vogelperspektive durch einen verzerrten Rahmen von Straßen miteinander verbunden.

Zwischen Coxyde-Bains und Nieuport-Bains verlief die Düne. Zwischen Coxyde und Nieuport-Ville Felder, Gehöfte und ein Waldstück namens Bois-Triangulaire. Das Ganze leer und heimlich bevölkert.

Die englische und französische Artillerie nutzten gemeinsam die Dünen und die Bäume. Die Zuaven und die Tirailleure besetzten die Schützengräben an der Mündung der Yser, wo einer ihrer Posten den ersten Sandsack jener unterirdischen Stadt bewachte, deren Gänge sich durch ganz Frankreich zogen. Weiter in Richtung Saint-Georges wachten die Marinefüsiliere über ein Gelände, das in der Yser-Schlacht[28] teuer erkämpft worden war.

In den Ruhepausen trafen sich Zuaven und Füsiliere in den ehemaligen Hotels und den alten Anwesen von Coxyde-Bains.

Die beiden Nieuports, die in Trümmern lagen, boten den Offizieren und den Verbandplätzen der verschiedenen Einheiten nur noch ihre Keller als Unterschlupf. Diese ausgestorbenen Städte und Landschaften verbargen ein unglaubliches Labyrinth von unterirdischen Gängen, Straßen, Galerien. Die Männer bewegten sich darin wie Maulwürfe, und man konnte in Coxyde in ein Loch einsteigen und durch ein anderes Loch in vorderster Linie wieder herauskommen, ohne den Himmel gesehen zu haben. Der Frontabschnitt 131 war ein ruhiger Abschnitt. Ein stillschweigendes Abkommen hielt uns davon ab, Ostende unter Beschuss zu nehmen, damit die Feinde nicht auf La Panne schossen, wo der König und die Königin im Exil waren.[29] Das Herrscherpaar lebte dort mit den königlichen Kindern, die entzückt waren von den unvorhergesehenen Ereignissen und einem reizenden Hühnerhof.

Die natürliche Schranke des Flusses und der Überschwemmungen bewahrte Nieuport vor einer großen Überraschung. Nichtsdestoweniger glaubte der Oberst Jocaste an eine nächtliche Landung mit Flößen, über den Strand. Das war eine abwegige Befürchtung. Doch er hing an ihr. Deshalb hatte man an der Küste zwischen Nieuport und der Yser gerade einen Verbindungsgraben aus Tannenholz gebaut, der roch wie ein Schweizer Hotel und den Namen des Oberst trug. Dieser Mann hielt seinen Graben, ganz zu Recht, für eines der Weltwunder. Er war in der Tat nutzlos wie die Pyramiden, hängend wie die Gärten von Babylon, hohl wie der Koloss von Rhodos, düster wie das Grabmal des Mausolos, kostspielig wie die Statue des Jupiter, kalt wie der Tempel der Diana und weithin sichtbar wie der Leuchtturm von Alexandria. Späher waren in Abständen darin postiert und schossen auf Möwen.

Der Untergrund von Nieuport glich dem des Théâtre du Châtelet[30]. Man hatte die Keller miteinander verbunden und dieses Kanalsystem «Nord-Süd» genannt. Jede seiner Öffnungen trug den Namen einer Station der Nord-Süd-Metrolinie, und es hatte durchaus einen gewissen Reiz, wenn man beim Schild «Concorde» inmitten der Trümmer eines Kasinos ausgespuckt wurde.

Eine Verzweigung führte in den Keller, der dem Oberst als Befehlsstelle diente. Dieser Keller gehörte zur Villa Pas sans peine[31], von der wie durch ein Wunder nur das Esszimmer noch stand. An ruhigen Tagen aß der Oberst darin zu Mittag wie eine dicke Ratte in einem Stück Schweizer Käse.

Das Meisterwerk des Abschnitts waren jedoch die Dünen.

Beim Anblick dieser weiblichen Landschaft, die glatt, geschwungen, kurvenreich und mit Männern gefüllt dalag, wurde man von Rührung ergriffen. Denn diese Dünen waren nur scheinbar verlassen. Tatsächlich waren sie nichts als Fälschung, Kulisse, Trugbild, Attrappe und Staffage. Die falsche Düne des Oberst Quinton bildete darin eine echte weibliche Lüge. Dieser so tapfere Oberst hatte sie unter einem Hagel von Granaten erbaut, den er in einem Schaukelstuhl rauchend über sich ergehen ließ. Sie verbarg, ganz oben, einen Beobachtungsstand, von dem sich der Beobachter über eine Rutschbahn im Nu in Sicherheit bringen konnte.

Alles in allem boten diese Dünen, mit ihren unermüdlich erneuerten Raffinessen auf der Rückseite, den deutschen Teleskopen auf der Vorderseite einen riesigen Taschenspielertrick dar, einen schweigenden Hütchenspieler.

«Wo ist das schwere Geschütz? Wo ist es? Rechts? Links? In der Mitte? Folgen Sie mir genau. Wo ist es? Rechts? Links? Bumm! In der Mitte.» Und das Geschütz, unter einer dünenfarbenen Plane verborgen wie zwei Kamelhöcker, auf denen ein paar blasse Grasbüschel wuchsen, fuhr zurück und feuerte eine Granate ab, so schwer wie ein Panzerschrank.

Man sah nichts. Man hörte die Hundertfünfundfünfziger[32], die Fünfundsiebziger[33], die Champagnerkorken knallen lassen und deren Granaten ein Stück Seide zerreißen, das englische Geschütz, von dem man nie begriff, woher es schoss, die Flugzeugabwehrkanonen, die die Aeroplane mit Wolkenbällchen krönen gleich den Seraphinen im Geleit der Muttergottes, die austernfarbene Nordsee, die ein so kaltes, so graues, der Formel H_2O NaCl[34] so ähnliches Wasser umwälzte, dass es einem ebenso wenig einfiel, darin baden zu wollen, wie sich zu verbrennen oder lebendig zu begraben.

Nachts schaukelten Himmel und Erde im Schein der Raketen, gleich einem Zimmer und seiner Decke im Licht einer Kerze, wenn die Flamme flackert. Wenn Nebel aufkam, sog er wie Löschpapier die Blitze des Geschützfeuers auf, die dann zu einem einzigen blendenden, wahnsinnig machenden Licht verschmolzen. Weit über dem Meer küssten sich, trennten sich, gestikulierten die Scheinwerfer. Manchmal liefen sie zusammen wie Ballerinen, und da wo sie sich trafen, sah man die weißen Bäuche der Zeppeline auf dem Weg nach London.

Schlief man in Coxyde? So weckten einen die Marinegeschütze. Ihr Feuer erschütterte die Welt und warf eine große Winde von malvenfarbenem Licht gegen die Fensterscheiben.

Sonntags, wenn die Maschinengewehre am Himmel ihre eintönigen Vokalisen zum Besten gaben, ein Totenkopflachen, und das Gemurmel der singenden Motoren plötzlich vom Blassblauen ins Samtschwarze abfiel, spielten die Offiziere der Royal Navy Tennis.

Dieser riesigen Lüge aus Sand und Laub fehlte nur Guillaume de Fontenoy.

Er kam. Es war Abend. Ein Motorrad mit Beiwagen brachte ihn aus Dunkerque. Der Empfang der Feldküche war eisig. Der Grund dafür war, dass Pesquel-Duport, um Guillaume dort unterzubringen, den Spaßvogel der Gruppe freigestellt hatte. Guillaume eignete sich einen noch warmen Platz an; einen so kalten warmen Platz, dass ihm das Herz gefror. Er erwartete, Kameraden zu finden. Ihn erwarteten Todfeinde.

Diese närrischen Burschen, die für Guillaumes übernatürlichen Charme unempfänglich waren, hielten ihn für mitschuldig an einem Verbrechen, von dem er nichts ahnte, und stellten ihn unter Quarantäne. Auf sie, die die Hierarchie fürchteten und auf Belohnungen aus waren, hätte allein der Name des Generals eine Wirkung haben können. Doch ein Frontabschnitt ist eine Provinzstadt, wo der Apotheker mehr gilt als Charcot[35]. Der Abschnitt stand nicht unter Fontenoys Befehl.

Die albernen Klatschweiber sahen sofort, dass Guillaume voller Begeisterung steckte. Das war der Gipfel. Jeder Freiwillige war so wenig willig wie möglich. Nichts Edles, Fröhliches, Einfaches verband sie. Sie fassten Guillaumes Eifer als Beleidigung auf. Er verhöhnt uns, dachten sie. Und aus Rache schickten sie ihn mit Meldungen zu den Zuaven in die gefährliche Zone. Guillaume verlangte nichts anderes. Er spazierte voller Entzücken durch diesen Park voller Feuer und Donner.

So kam es, dass er den Oberst Jocaste kennenlernte. Dieser Oberst fiel hintenüber, als er den Namen Fontenoy las. Er nahm Guillaume mit in sein Loch, und da es fünf Uhr war, bat er ihn zum Tee. Der Telefonist spielte das junge Mädchen des Hauses. Er deckte eine Ecke des Tisches mit Tassen, Teekanne und einer Keksdose.

Da es verboten war, die Villen zu plündern, alle Küchengegenstände jedoch aus dieser Quelle stammten, behauptete man stets, alles in der Kirche gefunden zu haben.

«Diese Tassen stammen aus der Kirche», sagte der Oberst mit einem Augenzwinkern.

Der Oberst bestürmte Guillaume mit Fragen über seinen Onkel. Dieser General war sein Gott. Während er sprach, rollte er sich Wickelgamaschen um die dicken Beine und stöhnte dabei, als wären es Verbände. Er vertraute Guillaume seine Ängste bezüglich der Flöße an und zeichnete ihm seinen Verteidigungsplan auf. Er fürchtete auch das Gas, das in dieser Gegend, wo die Winde sich ständig drehen, fast unmöglich einzusetzen war. Er war stolz auf sein Esszimmer voller Spitze.

«So bin ich», sagte er zu Guillaume, «ich verzichte nie auf Etikette, wenn es irgend geht. Ich lege darauf den größten Wert. Unter uns, ich habe auch eine Mätresse, eine Dame der Gesellschaft. Nun, wenn wir gemeinsam zu Abend essen, zu zweit oder mit ihrem Gatten und mir: sie immer im Abendkleid und die Männer im Smoking.»

Seine vierte Marotte war eine Fünfundsiebziger, die in vorderster Linie aufgebaut worden war, Bolzen um Bolzen, wie die Schiffe in den Flaschen, siebenundzwanzig Meter vor dem feindlichen Horchposten.

«Stellen Sie sich vor, was die für ein Gesicht machen werden, wenn es zum Angriff kommt», sagte er. «Eine Fünfundsiebziger in vorderster Linie!»

Er lachte und schlug sich auf die Schenkel.

Plötzlich ging die Tür auf, und der kommandierende General des Abschnitts erschien.

In Begleitung zweier Hauptleute, ausstaffiert mit Leder und Ordensbändern, führte er eine Inspektion durch, eine Art Überraschungsparty, die für den Gastgeber höchst unangenehm war.

Der Oberst sprang auf die Beine und verbeugte sich, wobei er die Keksdose vom Tisch fegte. Aus einem weltmännischen Reflex heraus stürzte der General vor, um die Kekse aufzuheben, und prallte mit seinem Helm gegen den Kopf des Oberst, der von der anderen Seite losgestürzt war.

«Habe ich Ihnen wehgetan?», fragte er.

Er hatte ihm sehr wehgetan. Der Oberst antwortete, es sei nicht weiter schlimm. Aus einer Ecke des Kellers beobachtete Guillaume die erstaunliche Szene mit großen Augen.

Nun hatte der arme Oberst sich von seinem körperlichen und seelischen Schock etwas erholt und beschrieb seine Wunderwerke.

Er war bei seiner Fünfundsiebziger in der Hütte angelangt, und der General, der wahrscheinlich die Tarnung der Dünen vergaß, fragte gerade, ob es sich dabei um eine Laubhütte handele, als ein Artillerist erschien. Der Oberst schickte ihn mit einem Handwedeln fort, doch der General protestierte, er wolle auf keinen Fall, wie er betonte, die gewohnte Arbeit des Abschnitts stören.

«Sprechen Sie», sagte der Oberst.

Es handelte sich um die Fünfundsiebziger.

Nach einer endlosen Vorrede meldete der Mann, die Maße des Pioniers stimmten nicht, die Hütte sei zu knapp, man sehe die Lafette, und es stehe zu befürchten, dass der Feind als Vergeltungsmaßnahme ein «Geböller» veranstalten würde.

«Vergeltungsmaßnahme! Vergeltungsmaßnahme!», tobte der Oberst, wütend, sich vor dem General zu blamieren. «Das werden wir ja sehen. Ich will ihnen zeigen, was Vergeltungsmaßnahmen sind.»

«Befehlen Sie», schrie er in ein Sprachrohr, «hundert Schuss aus der Fünfundsiebziger auf die Villa Vromberg!»

«Vromberg?», fragte der General und drehte sich zu einem seiner Hauptleute um, «Potzdonner, das war die Villa von Madame Vromberg. Eine reizende Frau. Arme Madame Vromberg.»

«Sie kennen sie, mein General?», rief der Oberst, der nicht mehr wusste, wo ihm der Kopf stand. Er packte das Sprachrohr: «Kommando zurück», schrie er, «Kom-man-do-zu-rück.» Der General sah, in welchen Zustand sein Besuch den armen Mann versetzte.

«Zum Teufel», sagte er, «nun zeigen Sie sich schon gegenüber Trümmern galant. Ich gehe. Mir scheint, hier läuft alles so gut wie nur möglich. Bleiben Sie. Lassen Sie sich nicht stören. Machen Sie sich keine Mühe. Ich kenne den Weg.»

Der Oberst blieb mit Guillaume allein zurück. Er war schweißüberströmt. Er rieb sich die Beule, die der Helm verursacht hatte. Er fragte, ob er sich der Situation gewachsen gezeigt habe.

«Da ist zwar die Sache mit der Fünfundsiebziger», wiederholte er. «Aber mein Verbindungsgraben macht alles wett.»

Sie tranken Tee.

«Bürokraten, lauter Bürokraten», dachte Guillaume. Er suchte eine Bresche. Sein Ziel war dieser furchterregende Ort, den er nachts knattern hörte wie ein Feuerwerk, dieses rasche, ungleichmäßige Geballere, gleich den Zuckungen eines Schlafenden, der träumt, dass er läuft.

Am übernächsten Tag teilte der Oberst ihm einen Führer zu, damit er die Stellungen besuche. Sie brachen um elf Uhr bei Mondschein auf.

Statt die Laufgräben zu nutzen, die dem Oberst so teuer waren, zeigte man sich ungehorsam und steuerte über die frühere Hauptstraße von Nieuport aufs Ufer zu. Man ging von Sperre zu Sperre, zwischen den Dominosteinen einiger Mauerreste und des Mondes. Der Mond ließ diese ganz jungen kleinen Ruinen größer erscheinen, und rechts des Strandes schliefen zwei oder drei chloroformierte Bäume im Stehen.

Eine Brücke aus klappernden Balken, Trägern, Bohlen, Rundhölzern und Fässern verlief über die Yser-Mündung. Das graue Wasser staute sich und drängte tragisch in die Nordsee wie eine Herde Schafe ins Schlachthaus.

Nachts wurde dieses Wasser phosphoreszierend. Wenn man eine Patronenhülse hineinwarf, versank sie hell erleuchtet wie die «Titanic». Fiel ein Geschoss hinein, ließ es auf dem Grund einen ganzen Boulevard von prachtvollen Läden erstrahlen.

Am anderen Ufer begannen die Schützengräben. Guillaume berührte den ersten der Sandsäcke, die die unterirdische Stadt schützten und in die sich die Kugeln mit dem Surren einer in eine Blume dringenden Hornisse hineinbohrten.

Das Labyrinth der Schützengräben war endlos. Guillaume folgte seinem schweigenden Führer, der in Fäustlinge, Lammfelle und Kapuzenmütze gepackt war und Pfeife rauchte. Man hörte die Wellen bald hinter sich, bald vorne, links oder rechts. Man wechselte die Richtung, ohne es zu merken, und wusste nie, wo das Meer eigentlich war. Manchmal reichte einem das Wasser bis zum Knie.

Dieses traumartige Venedig, Algier, Neapel wirkte so leer wie die Dünen, denn in tausend Kellern schliefen die Zuaven, zusammengedrängt wie Flaschen. Man köpfte sie bei den großen Orgien.

An zwei Stellen dieser Front berührten sich die Windungen der deutschen und der französischen Stellungen beinahe. Die erste hieß Mamelon-Vert, bei Saint-Georges, die zweite lag dicht am Strand. Auf beiden Seiten hatte man dort Horchlöcher gegraben.

Guillaume schlüpfte in die Sappe[36]. Man musste darin auf dem Bauch kriechen. Diese Sappe führte in eine Grube, die zwei Männern Platz bot. Tagsüber spielten sie Karten. Der Feind saß in einer entsprechenden Grube zwölf Meter weiter. Jedes Mal, wenn einer der Zuaven nieste, rief eine deutsche Stimme: «Gottes Segen!»

Entlang des Walls der vordersten Linie, auf einer Art Damm, Sims oder Podest, waren in Abständen die Späher postiert. Dieser Wall bestand aus allem Möglichen, wie der Rest der Stadt. Abgesehen von den Sandsäcken erahnte man als Bestandteile Kleiderschränke, Kommoden, Sessel, Klavierdeckel, Langeweile, Traurigkeit, Schweigen.

Dieses Schweigen, das die Schießereien und die Brandung noch verstärkten, glich dem Schweigen jener Glaskugeln, in denen es schneit. Man ging hindurch, wie man im Traum fliegt.

Guillaumes Gummistiefel rutschte ab, das Wasser plätscherte. Einer der Späher drehte sich um. Es war ein Goumier[37]. Er legte den Finger auf den Mund. Dann erstarrte er wieder zur Statue.

Denn dieser Araber in seinem Burnus aus Zeitungen und Schnur hielt sich reglos wie der tote Antar[38] auf seinem Pferd. Guillaume betrachtete die vom Mond mit Mehl bestäubte Gestalt zwischen den Säcken, ein eifersüchtiger, furchterregender Müller, der mit einem Gewehr an einer Luke seiner Mühle lauerte.

Bei diesen Spähern konzentrierte sich das ganze Leben im Gesicht. Wenn sie nachluden, kamen und gingen ihre Hände wie Dienstboten. So trug Frankreich am Saum seines Mantels einen erstaunlichen Hermelin aus aufmerksamen Gesichtern.

Doch was Guillaume anzog, war der Blitze schleudernde Streifen, der Streifen des Dazwischen, auf dem die Dornenranken des Stacheldrahts wuchsen. Außer bei Angriffen oder auf nächtlichen Patrouillengängen setzte dort keiner einen Fuß hin. Guillaume hätte alles getan, um zu einem dieser Spähtrupps zu gehören.

Stattdessen kehrte er um. Er war nur Tourist. Er verließ das Theater und fand sich auf der Straße wieder, ohne das geheimnisvolle Leben der Schauspieler zu teilen.

Er grämte sich. Jede Woche lastete auf seinen Schultern. Seine einzige Freude waren die Briefe und die Geschenke, die ihm Henriette und ihre Mutter schickten.

Seine kläglichen Tage ließen ihn an die zwei Frauen zurückdenken. Nach und nach, wie die Weitsichtigen, die nur aus einer gewissen Entfernung lesen können, entzifferte Guillaume seine Gefühle für Henriette. Sie war weit weg, unwirklich, künstlich. So konnte sie in seine Fiktion eingehen.

Er spielte diesen Akt wunderbar. Er seufzte, tobte, aß nicht mehr, ritzte Herzen in Aluminiumringe, schrieb Briefe, die er sodann zerriss; denn wie Katzen, die sich balgen und genau spüren, wo ihre Krallen aufhören, tat Guillaume in seinen Liebesqualen nichts, was Henriette einen Fingerzeig, nichts, was seinem Traum die geringste Wurzel hätte geben können.

Er versuchte nicht in Erfahrung zu bringen, ob diese Liebe erwidert wurde. Er konnte mit Goethe sagen: «Wenn ich dich liebe, was geht's dich an?»[39]

So stand es, als die Feldküche den Befehl erhielt, an die Somme zu ziehen. Sie würde einen Teil der Ausrüstung unter der Aufsicht eines Freiwilligen in Belgien lassen.

Dieser Freiwillige konnte nur Guillaume sein. Die Dummköpfe glaubten, ihm einen Streich zu spielen, indem sie sich ihn vom Hals schafften. Tatsächlich schafften sie sich ihm vom Hals.

Zwei Tage nach ihrer Abreise begegnete Guillaume dem jungen Hauptmann Roy von den Marinefüsilieren.

«Wie», sagte er, «man lässt Sie allein? Kommen Sie doch in unser Offizierskasino.»

Das Heldentum versammelte eine bunt gemischte Gesellschaft unter ein- und derselben Palme. Manch ein angehender Mörder fand dort, Seite an Seite mit den Märtyrern, Gelegenheit und Entschuldigung für sein Laster und die Belohnung dafür. Man mag sich zum Beispiel darüber wundern, dass der Krieg die Joyeux[40] einsetzte. Sie hielten den Abschnitt zwischen den Füsilieren und den Zuaven. Hier befand es die Gesellschaft für gut, dass sie den Instinkten, wegen denen man sie ausgeschlossen hatte, freien Lauf ließen.

Doch weder Zuaven noch Füsiliere machten von einer Jagderlaubnis Gebrauch. Nichts Grausames befleckte die Marinefüsiliere.

Ihre Vorgesetzten waren reizende Helden. Diese jungen Männer, die tapfersten der Welt, von deren kein einziger übrig ist, nahmen den Krieg als Spiel, ohne jeden Hass. Aber ach! Solche Spiele nehmen ein böses Ende.

Sie lösten einander in den Stellungen ab und wohnten in einer Villa in Coxyde-Bains. Das Schöne in Guillaume bezauberte sie. Und welchen Vorwurf hätte man ihm zu diesem Zeitpunkt auch machen können? Er täuschte niemanden. Diese edlen Gemüter ließen sich vom

Namen eines Generals gewiss nicht beeindrucken. Und wurde dieser Name, der an diesem Ort seine praktische Bedeutung verlor, nicht zu einem bloßen Decknamen? Sie trugen alle einen: Guillaume Thomas war *Fontenoy*, so wie Roy *Fantômas*[41] war, Pajot *Giraffenhals*[42], Combescure *Blitztod*, Breuil de la Payotte, Sohn des Admirals, *der Admiral*, und Le Gannec *Gordon Pym*[43].

Ihre Pflicht schien die gleiche zu sein wie die von Madame de Bormes: sich so wenig wie möglich zu langweilen. Der Rest des Abschnitts verstand das nicht, ebenso wenig wie die Welt Clémence verstand. Man hielt ihre Unbekümmertheit für Arroganz. Man hieß sie Aristokraten. Darin täuschte man sich kaum. Dieses Bataillon war eine Aristokratie, das heißt eine wirkliche Demokratie, eine Familie.

Der Empfang, der Guillaume bereitet wurde, war nur dort möglich. Eifersüchteleien, bürokratische Ängste, Dienstgrade, Klassenunterschiede hätten ihn anderswo verhindert.

Das Bataillon pflegte die Lässigkeit der wahren Eleganz. Am Ende der Mahlzeit nähte Le Goff, der Matrose, der bei Tisch bediente, ein paar Anker auf die dunkelblaue Jacke der Feldküchenuniform, und damit war die Sache erledigt. Guillaume war adoptiert. Man würde sich nicht mehr trennen.

Die Marinesoldaten waren, wie die Prinzessin, für Guillaume ein Zuhause. Sie waren in ihn vernarrt, feierten ihn, zogen ihn zurate. Sie nahmen ihn zum Abendessen mit zu ihrem Vorgesetzten. Dieser reizende alte Mann fand die Adoption so lustig, als hätten seine Kinder, wie er seine Untergebenen nannte, ihm einen kleinen Bären gebracht. Tatsächlich wurde Guillaume, wie ein Bär, Affe oder Murmeltier, zum Maskottchen. Er fühlte sich am Ziel. Seine Liebe zu Henriette flaute ab. Sein Herz war ihretwegen in Gang gekommen, doch seine Liebe war die Liebe an sich. Er übertrug ihren Elan auf seine neuen Freunde. Er überschüttete sie mit seinem Reichtum. Er war in das Bataillon verliebt.

Die Umstände waren ihm hold, denn als wirklicher Marinefüsilier wäre Guillaume die Aufgabe hart angekommen. Da er aber Füsilier geworden war, ohne einer zu sein, konnte er sein Glück voll und ganz genießen.

Er las die dicken Briefe aus der Avenue Montaigne nicht richtig. Manche vergaß er ungeöffnet in seiner Tasche. Er verteilte die Süßigkeiten im Offizierskasino und bedankte sich auf Postkarten, die Herzensergüsse in Grenzen halten.

Hatte er denn Zeit zu schreiben? Er folgte bald Roy, bald Breuil, bald Le Gannec auf ihre Posten. Er ging mit ihnen in Stellung, und manchmal vermachte man ihn bei der Ablösung dem nächsten.

Einen einzigen langen Brief hatte er geschrieben: an Pesquel-Duport. Er bat darum, ihn in Coxyde zu lassen, wobei die zurückgebliebene Ausrüstung als Vorwand für seinen endlosen Aufenthalt herhielt.

Seine Freude war so vollkommen, dass er seinen Urlaubsschein zerriss. Er sagte im Offizierskasino, er könne sich nicht entschließen, wegzufahren. Dieser Zug krönte seine Eroberungen. Die jungen Offiziere organisierten für ihn ein Bankett und schickten um Champagner nach La Panne, wo das Hotel «Terlinck» und die Konditorei trotz der Bomben noch geöffnet waren.

Sie berauschten sich und hielten Reden. Der Name Fontenoy fiel oft, aber auf recht unehrerbietige Weise. Der General spielte darin eher die Rolle eines Schafskopfs als eines Idols. Das wahre Idol war Guillaume Thomas.

Mademoiselle de Bormes und die Prinzessin lebten auf diesen Urlaub hin. Sie bereiteten tausend Leckereien, und Henriette bekam wieder frische Farbe. Die Enttäuschung schmetterte sie nieder. Guillaume gab vor, er könne die Ausrüstung nicht aus den Augen lassen. Man würde mich ausplündern, schrieb er.

Darauf fielen sie nicht herein – allerdings nur, um sich noch mehr zu täuschen.

«Er meint, wir würden ihn daran hindern, zu seiner Pflicht zurückzukehren», rief Clémence aus.

Henriette lag weinend im Bett und küsste einen von Guillaume geschickten Schnappschuss, warf sich ihr Schweigen vor und fühlte sich weit offenen Herzens zerrissen zwischen der Vorstellung, dass Guillaume sie nicht liebte und vor ihr floh, und derjenigen, dass er sie liebte und eine Flamme löschen wollte, von der er nicht zu hoffen wagte, dass sie erwidert werden könnte.

Sie sah nur dieses Weiß und dieses Schwarz. Für sie gab es nichts dazwischen.

Der Optimismus ihres Alters neigte dem Weiß zu.

Er liebt mich, dachte sie, und sein Zartgefühl hält ihn auf Abstand. Er fürchtet, als Verführer zu gelten, und dass Maman ihn fortjagt. Ich bin die einzig Schuldige. Meine Trägheit bringt ihn in Gefahr.

Henriette nahm sich fest vor, zu reden, zu flehen. Doch sie vermochte es einfach nicht. Ihr Geheimnis war ihr so lieb, dass sie den Moment hinausschob, es mit irgendjemandem zu teilen.

Die beiden Frauen waren außer sich und bedrängten Pesquel-Duport. Es war alles seine Schuld. Sie wussten nicht, wie recht sie hatten.

Er konnte sich noch so sehr rechtfertigen, die Dienstvorschrift erklären – in der Avenue Montaigne wurde es unerträglich.

Da hatte er eine dieser Eingebungen, mit denen, wenn sie sich an die Massen richten, Journalisten ihr Glück machen.

«Die Zeitung», sagte er zu den beiden Frauen, «organisiert für die Frontsoldaten Theateraufführungen. Ich ordne als nächsten Aufführungsort den Norden an, nehme Sie in die Truppe auf und begleite Sie.»

Die Prinzessin fiel ihm um den Hals. Henriette weinte.

Der Direktor hielt sein Versprechen. Vier Tage später schlossen Clémence, Henriette und er selbst sich am Bahnhof der Tournee an.

Den Frauen kam es vor, als führen sie in einem Vergnügungszug zu einem Picknick im Grünen. Guillaume wusste von nichts. Man wollte ihn überraschen.

Die bunt zusammengewürfelte Truppe bestand aus ein paar Komparsen, einer Sängerin in großer Robe und Hut im Grande-Mademoiselle-Stil[44], einem berühmten Tragöden, einer Debütantin in Trauer, die im Jahr zuvor mit Auszeichnung das Konservatorium abgeschlossen hatte, und einem jugendlichen Liebhaber, dessen Sohn Oberst war und gerade seinen siebten Palmenzweig[45] errungen hatte. Er hoffte, ihn an der Front zu treffen.

Pesquel-Duport stellte die Reisegefährten einander vor, als die Prinzessin zu ihrer Verblüffung Madame Valiche erblickte, die gerade Apfelsinen kaufen gegangen war. Sie war so gekleidet, wie sie es damals im Gehöft beschrieben hatte.

«So etwas!», rief diese schreckliche Frau aus, «Sie! Sie hier! Wie denn das, *meine Liebe*?», sagte sie, um vor den Schauspielern kundzutun, wie vertraut sie mit Madame de Bormes war.

Die Prinzessin ließ ihr das «meine Liebe» durchgehen, denn sie sah alles in rosigem Licht und wollte niemandes Freude trüben, stellte Pesquel-Duport vor und sagte, dass sie ihm diese Gunst verdanke.

Sie fügte hinzu: «Guillaume de Fontenoy ist in Coxyde; wir hoffen, ihn dort zu sehen.»

«Ach, so ist das also!», dachte Madame Valiche augenzwinkernd.

Die Prinzessin legte keinen Wert darauf, dass Madame Valiche sich kraft ihrer gemeinsamen Erinnerungen an sie und Guillaume hängte. Zuerst hatte sie ihr wahres Ziel verschweigen wollen. Doch dann hatte sie sofort begriffen, dass diese Frau sich für eine solche Heimlichtuerei rächen würde. Daher hatte sie beschämt jenen einfachen Satz herausgebracht.

Pesquel-Duport war scharfsinnig, aber nicht genug. Er bemerkte Clémence' Ton und das Augenzwinkern. Beides missfiel ihm.

Nun erklärte Madame Valiche: «Sie werden mir applaudieren, meine Liebe. Ich wollte den

Norden besuchen. Mein Lehrer Romuald» (sie deutete dabei auf den Tragöden) «nimmt mich mit. Aber halt! Ich bezahle meinen Platz. Ich gebe ‹Des Paukenschlägers Braut›[46], bitte schön. Und ich spiele in der ‹Tochter des Tambourmajors›[47].»

Die Prinzessin stellte Henriette vor, die sich schon im Theater wähnte. Mit der Ungeniertheit der Jugend lachte sie Madame Valiche und den Schauspielern ins Gesicht und starrte sie mit diesem breiten Grinsen an wie sonderbare Tiere.

Pesquel-Duport hatte vorsorglich für die beiden Frauen und sich selbst ein Abteil reserviert, das in einiger Entfernung vom Abteil der Truppe lag.

Jedes Mal, wenn Madame Valiche durch den Gang ging, warf sie einen Blick auf die leeren Plätze und mimte hinter der Scheibe ein vorwurfsvolles «Hol's der Teufel, Sie lassen es sich gut gehen». Denn in ihrem Abteil waren sie dicht zusammengepfercht.

Die Prinzessin saß wie auf Kohlen. Pesquel-Duport blieb standhaft.

«Bitten Sie sie nicht herein», sagte er. «Diese Frau kommt mir vor wie ein Fliegenfänger.»

Dieser General, der Pesquel-Duports Titel falsch verstanden hatte und ihn nicht für den Direktor einer Zeitung, sondern eines Theaters hielt, beglückwünschte ihn zu seiner Truppe.

«Sie haben da eine hervorragende Truppe», sagte er zu ihm.

«Herr General», berichtigte Pesquel-Duport behutsam, «ich bin nur ein Gast.»

«Ich auch, zum Teufel! Ich auch. Und ich kann mich darüber wahrlich nicht beklagen. Stimmt's, meine Damen?», rief der General.

Sein Ausspruch war vollkommen sinnlos. Er hielt derartige Sätze für Schlagfertigkeit.

Die Prinzessin und Henriette wollten nichts lieber als gehen. Pesquel-Duport runzelte die Stirn. Sobald die Höflichkeit es erlaubte, verabschiedeten sie sich.

«Bravo! Noch einmal bravo, meine Damen!», sagte der General, der in ihnen die Darstellerinnen des Stücks von Pailleron erkannte.

Der Rest der Nacht war großartig.

Obwohl sie mit ihren Schuhen zwischen den Latten der Holzstege hängen blieben, hielten die beiden Frauen vier Stunden durch.

In einem Keller von Nieuport hatte Guillaume sie mit Soldatenmänteln und Helmen ausgerüstet.

Auf dem Rückweg taumelten sie vor Müdigkeit.

Einmal blieb die Prinzessin stehen.

«Ich weiß nicht, was ich habe», sagte sie, «mir ist plötzlich bange.»

«Sie haben doch keine Angst? Ducken Sie sich, fürchten Sie nichts», sagte Roy. «Unsere Feinde schlafen.»

«Es ist albern. Ich bin ein dummes Frauenzimmer. Gehen wir weiter.»

Madame Valiche erfuhr von dem Besuch der Stellungen oder witterte ihn. Wütend, dass man sie nicht mitgenommen hatte, rächte sie sich.

Auf der Rückfahrt nutzte sie die Gelegenheit, als sie Henriette allein auf dem Gang des Waggons traf – da sie glaubte, es bahne sich zwischen ihrer Mutter und Guillaume etwas an, und das junge Mädchen durchschaut hatte, tat sie, als prüfe sie, ob auch niemand sie hörte.

Sie flüsterte: «Sagen Sie … Guillaume ist ganz

be vorzutäuschen, doch sie liebte ihn. Sie fasste einen weisen Entschluss: sich Pesquel-Duport anzuvertrauen.

Sie richtete es so ein, dass sie zusammen ihre Mutter abholten, die zum Tee auf dem Golfplatz von Saint-Cloud weilte.

Im Wagen öffnete sie ihm, blass und halbtot, ihr Herz.

Pesquel-Duport wusste, dass sie verliebt war, doch nicht, in welchem Maße.

Nun hatten ihm seine Nachforschungen gerade am Vortag den Beweis erbracht, dass Guillaume, wenn er auch aus bestem Hause stammte, den Titel de Fontenoy zu Unrecht führte. Er befand sich in einer äußerst schwierigen Lage. Angesichts der Schätze, die sich vor ihm ausbreiteten, beschloss der vorzügliche Mann, die Sache aufzuschieben. Er sagte zu Henriette, er werde mit ihrer Mutter reden und bitte sie, sich zu beruhigen und zuversichtlich zu sein.

«Handeln sie schnell», rief diese Jungfrau mit der Stimme einer alten Mätresse, «wir haben keine Minute zu verlieren. Retten wir ihn!»

Sie schnäuzte sich, steckte ihre losen Haarsträhnen hoch, rückte ihr Hütchen zurecht; und Pesquel-Duport dachte an seine eigene Liebe, an sein Alter, an Clémence, die fast so frisch war wie Henriette.

Sie sagt, sie würde nie mehr lieben, dachte er. Vielleicht weil sie noch nie geliebt hat. Mir erscheint sie jünger, viel jünger als ihre Tochter.

Das Automobil fuhr dahin. Henriette schwieg, blickte mit verstörtem Gesicht in die Landschaft.

Pesquel-Duport dachte für sich weiter: Da ist freilich ihre Begeisterung für Guillaume. Doch wenn diese Dinge ernst sind, verbirgt man sie. Aber sie ist so frisch, dass sie imstande ist, zu lieben, ohne es zu wissen, und sich langsamer darüber klar zu werden als ihre Tochter.

Er fragte sich, wie er vorgehen sollte.

Und er heckte folgendes Manöver aus.

Dieses Manöver war von abscheulichem Geschmack, grob und gewagt. Doch er liebte, und die Liebe schert sich wenig um Zartgefühl, Sanftheit, Sicherheit.

Er würde Clémence beibringen, dass ihre Tochter Guillaume liebte, und sie drängen, sie ihm zu geben. So würde er einerseits sehen, welche Wirkung diese Nachricht hätte und ob er damit eine Mutter oder eine Rivalin traf, andererseits würde er sie nicht weiter verpflichten, denn letztlich würde die Entdeckung des

Nachdem sie mit dem Lachen fertig war, wollte die Prinzessin Näheres wissen. Der Direktor verhaspelte sich, milderte die Szene im Automobil ab.

«Ach», sagte Clémence, «Sie sind nur dazu gut, Artikel zu schreiben. Schweigen Sie. Ich werde zu einem sehr einfachen Mittel greifen. Ich werde Henriette befragen.»

Sie stand auf und verschwand.

Pesquel-Duport vergrub das Gesicht in den Händen. Diesem tatkräftigen Mann standen Tränen in den Augen.

Was nutzte ihm seine Tatkraft? Clémence war nicht zu greifen. Sie entglitt, wand sich, verflüchtigte sich. Er empfand sie als unwirklich, immateriell. Er sagte sich: Ich liebe eine Verrückte; ich liebe eine Fee. Liebt sie Guillaume? Nein. Sie liebt niemanden. Sie liebt sich nicht. Sie liebt ihre Tochter nicht. Sie ist weder eitel noch Mutter. Sie ist zu etwas anderem bestimmt, das sich mir entzieht.

Im Übrigen ist es noch einfacher. Sie kommt mir vor wie eine Fee; doch sie ist nur leicht, leicht wie niemand sonst. Liebt sie Guillaume, ohne es zu wissen? Dann hätte ich eine Chance. Vielleicht liebt sie mich, ohne es zu wissen. Vielleicht liebt sie uns alle beide.

Pesquel-Duport dachte wirr vor sich hin, stolperte, drehte sich im Kreis.

Als er aus einem Halbschlaf erwachte, in den ihn das Feuer versetzt hatte, schaute er auf die Uhr.

Die Prinzessin war gegen elf Uhr zu Henriette gegangen. Es war ein Uhr morgens. Er hatte das Gefühl, erst fünf Minuten zu warten. Denn der Schmerz, der Zweifel und sogar ein Kaminfeuer unterteilen die Zeit nach ihrem Belieben.

Pesquel-Duport war in der Avenue Montaigne hinreichend zu Hause, um gegen die Etikette zu verstoßen. Er ging zur Tür des jungen Mädchens und lauschte, hörte es schluchzen, klopfte, trat ein.

Madame de Bormes saß auf dem Bett. Mutter und Tochter hielten sich umschlungen und weinten.

«Herein! Schnell herein!», rief die Prinzessin. «Kommen Sie und sagen Sie dieser verliebten Kleinen, dass sie ihren Guillaume bekommt, dass sie seine Frau wird, dass ich es ihr verspreche.»

Plötzlich erklang im Dunkeln eine eigentümliche Musik. Es war die Nouba der schwarzen Tirailleure[51]. Sie kamen durch Coxyde-Ville.

Die *Nouba* besteht aus einer Eingeborenenflöte, die die Soldaten imitieren, indem sie sich die Nase zuhalten, mit Kopfstimme singen und sich auf den Adamsapfel schlagen. Diese näselnde Flöte spielt allein eine hohe, düstere Melodie. Es klingt wie die Stimme der Isebel[52]. Die Trommeln und die Hörner antworten darauf.

Die Truppe näherte sich gleich dem Geleitzug der Bundeslade auf der Straße nach Jerusalem. Roy und Guillaume machten Platz und sahen sie vorüberziehen.

Die Schwarzen kamen aus Dunkerque, ganz benommen vor Kälte und Müdigkeit. Sie waren mit Schals, Mantillen, Fäustlingen, Taschen, Kochgeschirren, Patronen, Waffen, Trophäen, Amuletten, Glasperlenketten und Zahnarmbändern bedeckt.

Der untere Teil ihres Körpers marschierte; der obere tanzte zur Musik. Sie hielt sie aufrecht, hob sie empor. Ihre Köpfe, Arme, Schultern, Bäuche bewegten sich, sanft gewiegt von diesem wilden Opium. Ihre Füße, die nicht mehr im Gleichschritt marschierten, schleiften durch den

Schlamm. Während der Pausen hörte man diese Füße im Schlamm schmatzen und die Gewehrkolben gegen die Gasmaskendosen schlagen; dann stieg das Solo aus den Tiefen der Wüste auf, aus den Tiefen der Zeit, und wurde von den Bläsern und Trommlern begrüßt.

Die Nouba, die Guillaume erfreute, durchbohrte seinem Kameraden das Herz. Ihre Totenklage begleitete seine Trauer. Er erinnerte sich an seine Reisen mit Pajot, an ihr Schiff, ihre Landgänge, ihre Streifzüge durch die Häfen des Orients.

Sie nahmen ihren Weg wieder auf, ohne ein Wort zu wechseln.

Der Bois-Triangulaire donnerte wie ein königlicher Jagdgrund. In Nieuport ruhte der Friedhof der Marinefüsiliere neben der unförmigen Kirche. Hinter Nieuport sah man aus dem Laufgraben heraus, der nach Saint-Georges führte, im überfluteten Gelände zur Rechten das Gerippe eines Gehöfts, genannt die «Verreckte Kuh».

Dieser Beiname, den die Generalstabskarten übernommen hatten, stammte von einer jungen Engländerin, Miss Elisabeth Hart.

Miss Hart, die alle Welt Miss Elisabeth nannte, war die Tochter des Generals der englischen Truppen im Abschnitt.

Unter dem Deckmantel des Red Cross kutschierte sie mit einer Taschenambulanz herum und lebte mit den Marinefüsilieren.

Bei einer Französin hätte ein solcher Lebenswandel Anstoß erregt. Doch Elisabeth Hart war ein echter Junge, ein Teufel. Sie kleidete sich fast wie ein Matrose. Sie trug kurzes Haar, dessen Locken ein Engelsgesicht umspielten.

Sie zeigte einige Gemeinsamkeiten mit den modernen Amazonen des amerikanischen Kinos, außer dass man sie nie zittern sah. Sie pendelte zwischen La Panne und den Stellungen hin und her und ließ ihren Ambulanzwagen überall stehen wie in den Straßen von London. Ihre Forschheit missfiel dem Oberst der Zuaven. Er fand sie ungeniert. Daher vernachlässigte sie den Meerabschnitt zugunsten des Überschwemmungsabschnitts.

Die Füsiliere verehrten sie wie eine Heilige.

Im Übrigen war sie ganz zweifellos eine Heldin. Sind doch die Bedingungen des Heldentums eben freier Wille, Ungehorsam, das Absurde, das Außergewöhnliche.

Zudem konnte sie aus der Hand lesen.

Als Guillaume und Roy in Saint-Georges ankamen, saß sie in Roys Unterstand und trank mit Combescure Portwein. Sie war gerade von einem langen Heimaturlaub zurück. Sie kannte Guillaume nicht. Sie sprach mit einem angenehmen Akzent.

Darauf bedacht, unser *r* auszusprechen, jedoch unfähig, es im Rachen zu bilden, rollte sie es mit der Zungenspitze. Sie schimpfte Roy wegen seiner Gewissensbisse aus.

Combescure wollte, dass sie Guillaume aus der Hand las. Ehrliches Handlesen war an der Front eine heikle Aufgabe. Sie sträubte sich. Guillaume bestand darauf.

Als sie seine Handfläche erblickte, zeigte sich auf dem Gesicht der jungen Engländerin eine solche Überraschung, dass Combescure und Roy sie nach dem Grund fragten.

«So etwas...!», antwortete Elisabeth. «So eine Hand ist mir noch nie begegnet. Er hat nicht eine Lebenslinie, sondern mehrere.»

«Und mein Tod, oder... meine Tode?», fragte Guillaume nach.

«Wissen Sie», sagte sie, «ich bin nicht sehr gut. Ich sehe nur das Gesamtbild. Ihr Gesamtbild ist bestens.»

Combescure und Miss Hart brachen auf. Sie fuhr ihn bis Coxyde.

«Was für eine Frau!», sagte Guillaume zu Roy. «Eine Pracht.»

«Noch einer, der Elisabeth zum Opfer gefallen ist. Ihre Toten sind nicht mehr zu zählen», scherzte der junge Hauptmann. «Sie ist ein tapferes Mädchen und ein gutes Mädchen, wobei Letzteres tausendmal mehr wert ist.»

Dann wünschte er zu schweigen. Guillaume verstand ihn. Nachdem Roy seine Befehle erteilt hatte, schlug Guillaume ein Kartenspiel vor.

Der Unterstand des Hauptmann Roy war der einzig bewohnbare von Saint-Georges. Das Wasser machte Erdarbeiten fast unmöglich. Es diente dem maßlosen Leichtsinn der Matrosen als Entschuldigung. Ihr Unterstandsystem verhielt sich zu den Schützengräben der Zuaven wie ein Bienennest in einem Baum zum Bienenstock eines Imkers.

Man war darin weder vor Wasser noch vor Feuer sicher.

Der Leichtsinn dieser Männer, die es gewohnt waren, vom Seegang oder von Hängematten gewiegt zu werden, oder vom Korpsgeist, wenn sie nie auf See gewesen waren, wurde noch dadurch verstärkt, dass ein einstündiges Bombardement die Arbeit von fünf Wochen zunichtemachte.

Nach einem deutschen Vorstoß litten die Zuaven oft weniger unter ihren Verletzungen als an ihrem Architektenstolz.

Allein die Zuneigung der Füsiliere zu ihren Vorgesetzten hatte sie dazu bewegt, mit erstaunlichen Näherinnenhänden, die es verstehen, aus einer Mütze mit rotem Pompon ein Wunderwerk an Eleganz zu machen und eine Schnur zu Liebesinitialen zu schlingen, eine Kabine zu erbauen.

Dieser Abschnitt war also brandgefährlich, und die Verluste waren hoch.

Roy wünschte zu schweigen und spielte schweigend.

Draußen hörte man nur hin und wieder ein paar Schüsse, die man abzufeuern schien, um den Krieg in Gang zu halten.

In unmittelbarer Nähe ertönte Gewehrfeuer.

Es nahm kein Ende. Roy legte seine Karten hin und ging nachsehen.

«Das sind», sagte er zu Guillaume, als er seine Karten wieder aufnahm, «unsere Herren, die sich vergnügen. Plouardec und Lulu, die im Horchposten sitzen, spielen Manille[53] und haben sich in den Kopf gesetzt, ihre Punkte mit Gewehrschüssen zu verkünden. Das ist sehr wirtschaftlich. Ich habe sie zum Schweigen gebracht.»

Die Matrosen haben nicht die gleiche Beziehung zu ihren Vorgesetzten wie die anderen Soldaten, die sie «die Krieger» nennen. Zum Beispiel grüßen sie diese Vorgesetzten so, wie die Infanterieoffiziere den Gruß eines einfachen Soldaten erwidern, und begleiten diese Geste mit einem freundlichen kleinen Grinsen.

Zwölf Minuten nach Roys Eingreifen ging die Schießerei von Neuem los.

Roy lächelte wütend.

«Diesmal», sagte er, «gehen sie zu weit. Ich werde sie mir vorknöpfen. Komm, Guillaume.»

Sie kamen gerade auf der Plattform vor den Horchlöchern an, als eine recht ferne, doch sehr deutliche, sehr kräftige Stimme laut wurde: «Spitzbuben!», bellte sie in ausgezeichnetem Französisch, «ihr macht euch einen Spaß daraus, alle Welt am Schlafen zu hindern. Wartet nur, bis ich eure Vorgesetzten benachrichtige!»

«Bis ich eure Vorgesetzten benachrichtige» bedeutete: Feuerbefehl erteilen.

«Sie schießen auf meinen Befehl!», brüllte Roy.

Alles – deutsche Stimme wie Schüsse – verstummte.

Damit hatte es mit den Sanktionen auf beiden Seiten sein Bewenden.

Dieser Dialog mag für Leute, die den Nachbarschaftsgeist eines langen Krieges, den Familiensinn der Matrosen nicht kennen, recht unwahrscheinlich klingen.

Das wiederaufgenommene Kartenspiel zog sich in die Länge, als das Telefon surrte. Roy nahm den Hörer ab. Die Verbindung war schlecht. Die auf die Schnelle verlegten Drähte kreuzten und berührten einander. Das Rauschen des Abschnitts wohnte in dem Gerät wie das Rauschen des Ozeans in einer Muschel.

«Unmöglich, etwas zu verstehen», sagte er. «Ich hänge auf. Nach den paar Fetzen, die ich verstanden habe, ist es der Posten F» (der Posten F war fünf Kilometer entfernt), «und sie können mir niemanden schicken. Ich habe auch niemanden. Die Laufgräben sind durch die Torpedos von vorgestern zerstört. Der längste Teil bietet keine Deckung mehr. Ich habe keine Lust, einen der Jungs mit einer Meldung loszuschicken. Meine Dummköpfe haben nicht den geringsten Sinn für Gefahr. Sie wollen keinen Umweg gehen und verstehen nicht, dass man in dreißig Meter Entfernung von den Deutschen nicht pfeift, nicht bellt wie ein Hund und nicht herumprahlt.»

«Ganz einfach», sagte da Guillaume. «Ich pfeife nicht und belle nicht wie ein Hund. Wenn es sein muss, krieche ich sogar. Ich brauche nur den Weg außen herum zu nehmen. Ich gehe.»

Roy lehnte ab. Guillaume bestand darauf. Und da Roy insgeheim gern mit seinem Gram allein bleiben wollte, der Weg außen herum nicht gefährlich war und Guillaume insgeheim über diesen nächtlichen Gang frohlockte, wurden sie sich schließlich einig.

Guillaume würde gehen und unverzüglich wieder zurückkommen, um Roy Meldung zu erstatten.

Die kalte Nacht erstrahlte von weißen Raketen und Gestirnen. Guillaume fand sich darin zum ersten Mal allein wieder. Ein letzter Vorhang hebt sich. Das Kind und das Zauberspiel verschmelzen. Guillaume erfährt endlich die Liebe.

Statt den Umweg zu nehmen, folgte er der Brustwehr der vordersten Linie bis zum Polder, wo man kriechen musste. Breuil und er waren in dieser Rothauttechnik Meister.

Nach ein paar Metern stieß er auf eine Leiche.

Eine Seele hatte diesen Körper hastig, achtlos abgestreift. Guillaume musterte ihn mit neugierigem, hartem Auge.

Er kroch weiter. Er begegnete weiteren Leichen, von dem Massaker dort hingeworfen wie Kragen, Stiefel, Krawatte, Hemd eines Trunkenbolds, der sich auszieht.

Der Schlamm machte es schwierig, auf allen vieren voranzukommen. Manchmal lässt er einen dahingleiten wie auf Samt, manchmal sucht er einen festzuhalten, schmatzend wie der Kuss einer Amme.

Guillaume hielt inne, wartete, setzte seinen Weg fort. Er lebte dort mit all seiner Kraft.

Er dachte weder an Henriette noch an Madame de Bormes, als ihm plötzlich das Bild von Madame de Bormes erschien.

Trotz der Verwüstungen durch die Torpedos hatte er soeben die Stelle des Verbindungsgrabens erkannt, wo sie ein paar Tage zuvor über Bangigkeit geklagt hatte.

«Wir haben doch wirklich Glück gehabt», sagte er sich. «Man hält den Abschnitt immer für zu ruhig. Die Prinzessin hat einen besseren Riecher gehabt als wir. Als hätte sie den Tod dieses Grabens geahnt.»

Eine Anhäufung von spanischen Reitern und Stacheldraht versperrte den Weg. Um links daran vorbeizukommen, hätte man bis zu den Oberschenkeln durchs Wasser waten müssen. Guillaume ging nach rechts.

Er gelangte auf festen Boden und freute sich gerade, dass keine einzige Leuchtrakete am Himmel war, als er erstarrte.

Ihm gegenüber, in einiger Entfernung, war wie ein Block eine feindliche Patrouille zu erkennen.

Diese Patrouille sah Guillaume und rührte sich nicht. Sie hielt sich für unsichtbar.

Guillaumes Herz sprang im Takt, klopfte mit

den dumpfen Schlägen eines Bergarbeiters in einem tiefen Schacht.

Die Reglosigkeit wurde ihm unerträglich. Er meinte, ein «Wer da?» zu hören.

«Fontenoy!», schrie er aus voller Kehle und verwandelte so seinen Schwindel in einen Schlachtruf. Und während er die Beine in die Hand nahm, setzte er als Scherz noch hinzu: «Guillaume II.»[54]

Guillaume flog, sprang, rannte wie ein Hase.

Da er keine Schüsse hörte, blieb er atemlos stehen, drehte sich um.

Dann spürte er einen fürchterlichen Stockschlag gegen die Brust. Er fiel. Er wurde taub, blind.

«Eine Kugel», sagte er sich. *«Wenn ich mich nicht tot stelle, bin ich verloren.»*

Aber in ihm bildeten Fiktion und Wirklichkeit nur eins.

Guillaume Thomas war tot.

Der Erste, der in Paris davon erfuhr, war Pesquel-Duport. Man benachrichtigte ihn in seiner Eigenschaft als Betreiber der Feldküchen.

Der gute Mann konnte es, trotz der Beweise, nicht glauben.

Er sah voraus, dass die Nachricht in der Avenue Montaigne einschlagen würde wie ein Blitz. Er litt unter dem Leid von Madame de Bormes.

Was er sich nicht eingestand, oder nur halb, war, dass dieser Tod zwar eine schreckliche Lösung, aber doch eine Lösung war. Der Tod zog einen Schlussstrich unter dieses Abenteuer und erlaubte es ihm, das Geheimnis der Fontenoy-Lüge zu bewahren.

Armer Guillaume, sagte er sich. Der falsche Onkel würde einen solchen Neffen nicht verleugnen. Im Norden gefallen, verdient er das Epitaph des Kindes Septentrion: *Tanzte zwei Tage und gefiel.*[55]

Man musste seine Tante und die Frauen benachrichtigen. Der Direktor, der letzteren Gang gern aufschieben wollte, aber nicht wünschte, dass die Unglücklichen das Verhängnis von Dritten erfuhren, beschloss, erst zu Guillaumes Tante zu gehen und anschließend in die Avenue Montaigne.

Er hatte seine Rechnung ohne Madame Valiche gemacht.

Während er in Montmartre seine traurige Pflicht erfüllte und Mademoiselle Thomas nach kurzem Schweigen diese Worte sprach, die den Ungläubigen in Erstaunen versetzten: «Danke, Monsieur. Ich werde ihn bald sehen. Ich werde ihm von Ihrem Besuch erzählen», bog Madame Valiche schon vom Rond-Point der Champs-Elysées in die Avenue Montaigne ein.

Sie hatte weder den Spaziergang zu den Stellungen noch das Sonderabteil im Zug, weder den Triumph der Prinzessin noch den durch Guillaumes Streich aufgehaltenen Konvoi verdaut.

Nun nahm sie Rache.

Dieser Vampir wusste stets vor dem Rest der Welt von allen Todesfällen zwischen Belgien und Elsass. Von Guillaumes Tod hatte sie durch einen Bruder von Gentil erfahren, der in Zuydcoote Stabsarzt war und an diesem Morgen auf Urlaub gekommen war.

Er hatte ihn ihr in folgender Gestalt überbracht: «Ein Prahlhans, der nur bekommen hat, was er verdiente.» Und so trug sie ihn noch warm zu Henriette und Madame de Bormes.

Die beiden Frauen, die sich vor lauter Angst, Guillaumes Antwort auf Henriettes Brief um eine Minute zu verfehlen, kaum aus der Wohnung wagten, wollten gerade ein paar Besorgungen machen.

Sie trafen Madame Valiche im Flur. Ihre ernste Miene erschreckte sie. Sie gingen mit ihr zurück in den Salon.

Madame Valiche verstand es, das Messer zu werfen.

«Ich hatte es ja gesagt», sagte sie schlicht.

Henriette erriet das Unglück als Erste.

Sie stürzte sich auf Madame Valiche.

Innerhalb einer Sekunde versetzte die Elende ihren Opfern den Todesstoß.

Als Pesquel-Duport den Salon betrat, kam er nur noch zum Halali.

Madame de Bormes und ihre Tochter schrien, zerrissen ihre Kleider. Madame Valiche stand ihnen gegenüber und erdichtete Einzelheiten.

Pesquel-Duport packte sie am Rock.

«Sie...! Sie...!», stieß er hervor, «Sie werden mir den Gefallen tun, zu verschwinden – und zwar schleunigst.»

Er schüttelte sie, schleifte sie zur Flurtür. Er hätte sie zermalmen mögen.

Er warf sie hinaus.

Was scherte das Madame Valiche?

Sie rückte ihren Hut zurecht, rannte die Treppe hinab, flog nach Hause.

Gentil saß am Tisch und machte sich über die Vorspeisen her.

«Sie können mir Beifall klatschen», rief sie von der Tür her. «Ich habe gesehen, was ich sehen wollte. Die Mutter und die Tochter. Doppeltreffer.»

Sie hoffte ihn endlich zu beeindrucken, diesen Mann, den sie anbetete, der sie ausnutzte und genau um die Wirkung gespielten Gleichmuts auf Hysterikerinnen wusste.

«Die Sitten der oberen Zehntausend», sagte er, mehr nicht, und bestrich eine Scheibe Brot mit Butter.

Berauscht vor Liebe und befriedigtem Hass, betrachtete Madame Valiche diesen Mann, der aß, der lebte, über jedes Staunen erhaben.

«Doktor», stammelte sie, «Sie sind ein Gott.»

«Es gibt keine Götter, Madame. Ich sehe nur klar, das ist alles.»

Mademoiselle de Bormes konnte den Schock nicht verwinden.

Madame de Bormes brachte sie nach Auteuil in eine Heilanstalt.

Zwei Monate später starb sie an einer Nervenkrankheit, die nicht tödlich war. Was bedeutet, dass sie sich trotz aller Vorsichtsmaßnahmen vergiftete.

Ihre Mutter wurde von einem Tag auf den anderen zu einer alten Frau. Sie verkehrte nur noch mit Pesquel-Duport.

«Lassen Sie uns heiraten», sagte er. «Sie können nicht allein leben.»

«Warten Sie», antwortete die Prinzessin. «Jetzt sind Sie es, der zu jung ist. Wir haben kein

Glück mit unserem Alter. Aber irgendwann werden wir uns schon treffen.»

Der Marinefriedhof von Nieuport liegt neben der Kirche wie eine gestrandete Brigg.

Aus der Mitte ragt ein abgebrochener Mast.

Hat diese Brigg Opium geladen? Die Besatzung ruht in tiefem Schlaf.

Jedes Grab ist hübsch verziert mit Muscheln, Kieseln, alten Feuerböcken, alten Rahmen, alten Geländern.

Eines von ihnen trägt den Namen von Jacques Roy.

Jacques Roy ist auf dem Verbandplatz von Nieuport innerhalb von vier Stunden einer Verwundung erlegen, die er in Saint-Georges erlitten hatte, glücklich, Pajot und Guillaume zu rächen, an deren Tod er die Schuld zu tragen glaubte.

Sein Kreuz trägt die vorschriftsmäßige Inschrift.

Auf dem Kreuz daneben aber steht zu lesen:

G.-T. de Fontenoy.
Für uns gestorben.

Cap Nègre
1922

INHALTSVERZEICHNIS

Anmerkungen

1 Angesichts des dt. Vormarschs und des Beschusses der frz. Hauptstadt während der Marneschlacht vom 5. bis 12. September 1914 setzte sich die frz. Regierung unter Staatspräsident Raymond Poincaré (1860–1934) in der Nacht vom 2. auf den 3. September 1914 nach Bordeaux ab. Sie kehrte erst am 10. Dezember nach Paris zurück.

2 Die Figur der Princesse de Bormes ist inspiriert von Misia Edwards, geborene Maria Zofia Olga Zenajda Godebska, später Sert (1872–1950).

3 Frz. «ohne Culotte»: während der Französischen Revolution den Jakobinern nahestehende Arbeiter und Kleinbürger, deren Name davon herrührte, dass sie nicht die Kniebundhose der Adeligen trugen, sondern knöchellange Hosen.

4 Louis Marie Joseph Charles Renard (1847–1905), frz. Berufsoffizier und Ingenieur; der Luftschiffentwickler unternahm in den 1870er-Jahren etliche Anläufe, ehe es ihm gelang, das von einem Elektromotor angetriebene und somit steuerbare Militärluftschiff «La France» zu entwickeln.

5 Sitz der frz. Militärverwaltung.

6 Im Zuge der expansiven Kolonialpolitik Frankreichs wurde das Kaiserreich China im 19. Jh. gezwungen, das Protektorat «Tonkin» (im heutigen Vietnam) abzutreten und als frz. Protektorat anzuerkennen.

7 Die Figur ist von Raoul Thomas aus Castelnau inspiriert, der sich als Neffe des berühmten Weltkriegsgenerals Noël Édouard Marie Joseph, Vicomte de Curières de Castelnau (1851–1944), ausgab und dem der Autor 1914 begegnete.

8 Joh 20,19–29.

9 Militärschule bei Paris.

10 Likör aus den Destillaten frz. Weine

11 Lat. «Der Herr sei mit euch. Amen».

12 Die Mönche finden sich auf zahlreichen Gemälden des span. Meisters El Greco (1541–1614).

13 Pariser Militärkrankenhaus.

14 Im Bois de Boulogne, einem weitläufigen Park im XVI. Arrondissement (Passy).

15 Möglicherweise Anspielung auf den frz. Schauspieler Romuald Joubé (1876–1949), bekannt geworden als Bühnenstar am Pariser Théâtre de l'Odéon, der bereits 1909 parallel zu seinem Theaterengagement eine Filmkariere startete und 1919 im Stummfilm *J'accuse* zu sehen war – einem der ersten pazifistischen Werke der Filmgeschichte, dessen Kriegsszenen auf den realen Schlachtfeldern des Ersten Weltkriegs gedreht worden waren.

16 *La fiancée du timbalier*, ein Gedicht von Victor Hugo (1802–1885) aus der Sammlung *Odes et ballades*, 1826.

17 Frz. abfällig für die Deutschen.

18 Zitat aus dem Torerolied aus Georges Bizets (1838–1875) Oper *Carmen* (1875).

19 Kardinal Richelieu, frz. Aristokrat, Kirchenfürst und Staatsmann (1585–1642), unter Ludwig XIII. als Erster Minister die politische Zentralgestalt im frz. Staat, wurde als «rote Eminenz» tituliert.

20 1884 uraufgeführte Oper von Jules Massenet (1842–1912).

21 Generaloberst Alexander von Kluck (1846–1934) kommandierte bei dem gescheiterten Vormarsch auf Paris 1914 die preuß. 1. Armee.

22 Anspielung auf *Figaros Hochzeit* von Pierre-Augustin Caron de Beaumarchais (1732–1799), Jean-Jacques Rousseaus (1712–1778) *Bekenntnisse* und Stendhals (1783–1842) *Die Kartause von Parma.*

23 Eine Abteilung des frz. Kriegsministeriums.

24 Der Hügel Montmartre.

25 Angehörige einer regulären Infanterietruppe der frz. Armee, deren Bezeichnung sich vom kabylischen Stamm der Zuauas in der alger. Provinz herleitet; die Söldner des Corps des Zouaves rekrutierten sich vornehmlich aus den frz. Wehrpflichtigen Französisch-Nordafrikas; schon im Osmanischen Reich für ihre Durchschlagskraft berühmt, galten sie im Ersten Weltkrieg als Elitesoldaten an der belg. Westfront.

26 Frz. Schützen, zur leichten Infanterie gehörige Mannschaften, ursprünglich Teil der Garde impériale; im Ersten Weltkrieg wurden für die frz. Armée d'Afrique Truppen im Maghreb und in Schwarzafrika ausgehoben und als Schützenregimenter aufgestellt: *tirailleurs algériens, tirailleurs marocains, tirailleurs tunisiens* oder *tirailleurs sénégalais*; in den ersten, besonders verlustreichen Monaten kämpften diese noch in ihren traditionellen afrikanisch-orientalischen Monturen (Turban, Weste, Burnus, Gamaschen).

27 Anspielung auf Heinrich Heines (1797–1856) *Die Fensterschau*, aus: *Buch der Lieder. Junge Leiden. Romanzen*, wo es heißt: «Der bleiche Heinrich ging vorbei,/

Schön Hedwig lag am Fenster./Sie sprach halblaut: Gott steh mir bei,/Der unten schaut bleich wie Gespenster!»; vgl. auch Heines Gedicht *Seegespenst*, aus: *Die Nordsee*, Erster Zyklus, X: «So tief, meertief also/Verstecktest du dich vor mir/Aus kindischer Laune/ Und konntest nicht mehr herauf/Und saßest fremd unter fremden Leuten,/Jahrhundertelang,/Derweilen ich, die Seele voll Gram,/Auf der ganzen Erde dich suchte/Und immer dich suchte,/Du Immergeliebte,/Du Längstverlorene,/Du Endlichgefundene –»

28 In der Yser-Schlacht oder Ersten Flandernschlacht vom 20. Oktober bis zum 18. November 1914 war unter großen Verlusten das strategische Ziel der dt. Heeresleitung vereitelt worden, das britische Expeditionskorps von seinen Versorgungslinien abzuschneiden; danach begann der Stellungskrieg.

29 König Albert I. von Belgien (1875–1934) und Königin Elisabeth (1876–1965) hatten sich nach der dt. Invasion 1914 mit ihren drei Kindern nach La Panne abgesetzt.

30 1862 eröffneter Prachtbau im 1. Arrondissement, in dem Anfang des 20. Jh. vor allem Operetten und Ballette aufgeführt wurden, unter anderem durch die Ballets Russes des russ. Impresarios Sergei Djagilew (1872–1929); Mitte Mai 1917 fand hier die Premiere des von Erik Satie und Jean Cocteau konzipierten Ballet réaliste *Parade* statt (vgl. Nachwort).

31 Frz. «Nicht ohne Mühe».

32 Frz. *obusier de 155 mm*, Baujahr 1904, frz. Feldhaubitze der schweren Artillerieregimenter, die dank eines halbautomatischen Verschlusssystems trotz ihres großen Kalibers *court à tir rapide* (Schnellfeuer) erlaubte.

33 Frz. *canon de 75 modèle 1897*, ein leichtes Schnellfeuergeschütz, mit dem bis zu zwanzig Granaten je Minute abgeschossen werden konnten und das durch den Einsatz diverser technischer Neuerungen die Kriegsführung der frz. Artillerie revolutionierte.

34 Die chemische Formel für die Verbindung von Wasserstoff und Sauerstoff mit Natriumchlorid, also Salzwasser.

35 Jean-Martin Charcot (1825–1893), berühmter Neurologe und Psychiater.

36 Oberirdischer Lauf- und Schützengraben.

37 Einer jener nordafrikan. Soldaten, die, nominell in Diensten des Sultans von Marokko stehend, von den frz. Streitkräften im Ersten Weltkrieg in Flandern eingesetzt wurden.

38 Antara Ibn Schaddad al-Absi, bekannt als Antar oder Antara, war ein arab. Krieger und Dichter des vorislamischen 6. Jh., aus Laiwa gebürtig, Sohn von Schaddad ibn Muawiya aus dem Stamm der Abs, und einer äthiop. Sklavin; er repräsentierte über Jh. hinweg den Typus des Wüstenhelden und wurde als solcher verewigt im sog. *Sirat Antar (Antarroman)*, einem der beliebtesten arab. Heldenepen, das zahlreichen späteren Werken als Vorlage diente; gemäß Überlieferung starb er um 600 bei der Schlacht gegen den Stamm der Tai im Sattel seines Pferdes.

39 Aus *Wilhelm Meisters Lehrjahre*, Viertes Buch, Neuntes Kapitel, 9; *Aus meinem Leben. Dichtung und Wahrheit*, Dritter Teil, 14. Buch.

40 Soldaten der Bataillons d'Infanterie Légère d'Afrique, der Strafbataillone der frz. Streitkräfte.

41 Inbegriff des rücksichtslosen und zugleich genialen

Verbrechers, erdacht als schillernde Hauptfigur einer Krimiserie von den frz. Schriftstellern Marcel Allain (1885–1969) und Pierre Souvestre (1874–1914); die zwischen 1911 und 1913 in monatlicher Abfolge veröffentlichten Abenteuergeschichten erfreuten sich größter Beliebtheit.

42 Möglicherweise inspiriert durch die Tradition der burmesischen Padaung, mit Ringen den Hals zu verlängern; Padaung-Frauen mit Giraffenhals waren von den Briten vor dem Ersten Weltkrieg als menschliche Schauobjekte nach Europa gebracht worden.

43 Protagonist des einzigen Romans von Edgar Allan Poe (1809–1849) *The Narrative of Arthur Gordon Pym of Nantucket*; Gordon Pym verkörpert den Typus des furchtlosen Abenteurers, der sich dank seiner Kaltblütigkeit aus allen Notlagen befreien kann.

44 Benannt nach Anne Marie Louise d'Orléans, Duchesse de Montpensier (1627–1693), einer Nichte Ludwigs XIII.

45 Die Palmenzweige am Band der Croix de Guerre (Kriegskreuz) stehen für ehrenvolle Nennungen im Armeebericht.

46 Vgl. Anm. 15.

47 *La Fille du tambour-major*, 1879 am Pariser Théâtre des Folies-Dramatiques uraufgeführte Operette von Jacques Offenbach (1819–1880).

48 Der Deutsch-Französische Krieg, der mit dem Sieg des deutschen Kaiserreichs endete und von den unterlegenen Franzosen als Schmach empfunden wurde.

49 *La peur des coups*, Einakter aus dem Jahr 1894 (Premiere am Théâtre d'Application) von Georges Courteline (1858–1929).

50 *L'étincelle*, 1879 am Pariser Théâtre-Français uraufgeführtes Lustspiel von Edouard Pailleron (1834–1899).

51 Im Senegal und weiteren Gebieten Französisch-Westafrikas zwangsrekrutierte Schwarzafrikaner dienten für Frankreich bei den *tirailleurs sénégalais*, wobei von 200 000 Rekruten über 30 000 an der Westfront den Tod fanden; vgl. Anm. 26).

52 Im Alten Testament (1 Kön 16–21) erwähnte phöniz. Prinzessin, die im 9. vorchristlichen Jh. gelebt und ihren Gatten, den israelischen König Ahab, zur Untreue gegenüber Jahwe und zu Missetaten angestiftet haben soll; seither Inbegriff der hinterhältigen Einflüsterin und Unheilstifterin.

53 Einfaches Kartenspiel, ähnlich dem L'Hombre.

54 Spiel mit dem Namen Guillaume deux/de Fontenoy und dem des dt. Kaisers Wilhelm II. (1859–1941).

55 Zitat der Inschrift einer in Antibes gefundenen röm. Grabstele für einen zwölfjährigen Sklavenjungen und Tänzer.

Nachwort

Clément Eugène Jean Maurice Cocteau war ein Kind des Fin de Siècle. Geboren wurde er im Jahr 1889 im Landhaus der Familie seiner Mutter in Maisons-Laffitte als jüngster Sohn einer nach heutigen Maßstäben extravagant spleenigen, damals aber eher als gut bürgerlich und kunstsinnig geltenden Pariser Familie. Der Vater ist Rentier und Freizeitmaler, der Großvater Kunstsammler und Devisenhändler. Die Großeltern Louis-Eugène und Louise Lecomte entstammen dem Pariser Großbürgertum und residieren in einem Pariser Stadtpalais in der Rue La Bruyère, das groß genug ist, um auch die Tochter Eugénie samt ihren drei Kindern Marthe, Paul und Jean sowie den Ehemann Georges Cocteau bei sich aufzunehmen. Der kleine Jean lebt im Zentrum einer kolonialen Weltmacht. Das Haus des Großvaters war vom Keller bis zum Dachboden überfüllt mit allerhand griechischen Büsten, silbernen, mit Büchern gefüllten Badewannen, exotischen Vasen, florentinischen Münzen, antiken Masken und Gemälden. Zwischen Bühne und Alltag, zwischen Theater und Wirklichkeit musste sich der junge Abkömmling der Pariser Großbourgeoisie des Zweiten Kaiserreichs nicht mehr entscheiden: Der Salon des Großvaters war Lebensraum und Theaterkulisse zugleich. Der allabendliche Theaterbesuch setzte den Alltag übergangslos fort und war noch nicht wie heute nur eine Ablenkung vom Zweckdenken der bürgerlichen Existenz. Im Gegenteil, Operette und Schauspiel verlängerten sich ins großbürgerliche Pariser Leben und erfüllten es mit ihren Mythen, Federn, Fächern, Legenden und Phantasmagorien.

Während die reale Welt der arbeitenden Bevölkerung zu Beginn des 20. Jahrhunderts von Fabriken, Eisenbahnen, Stechuhren und Automobilen überflutet wird und man dabei ist, Paris für den Bau der Untergrundbahn umfassend zu untertunneln, zieht sich das Großbürgertum in eine fantastisch ausstaffierte Innenwelt hinter schwere Samtvorhänge und Wandschirme zurück, hinter denen die Zeit still steht. In die mehrmonatige Sommerfrische in die Wälder von Saint-Germain fährt die Familie Cocteau mit dem Pferdeomnibus.

Man kann das exzentrische und dandyhafte Werk Jean Cocteaus nur vor dem Hintergrund eines Jahrhundertwendelebens verstehen, von dessen sorgloser Privilegiertheit man sich heute kaum noch eine Vorstellung machen kann. Gekleidet vom ersten Kinder-Couturier der französischen Hauptstadt und beaufsichtigt von seinem deutschen Kindermädchen Fräulein Ebel, wächst Jean Cocteau in einem fantastischen Luxusghetto auf, in dem vom Vorhandensein einer anderen Welt lange nichts zu bemerken war.

«Das Interieur», so wird Walter Benjamin nachträglich über die schmuckschatullenartigen Rückzugsgebiete des Großbürgertums im Fin de Siècle schreiben, war «die Zufluchtsstätte der Kunst.» In der ornamentalen Ausstaffierung der Existenz im Jugendstil erkannte der Berliner Literaturwissenschaftler, der auf der Flucht vor den Nazis in der Bibliothèque nationale in Paris an seinem nie vollendeten *Passagen-Werk* arbeitete, den letzten «Ausfallversuch der in ihrem elfenbeinernen Turm von der Technik belagerten Kunst». Nicht lange danach wird die Technik das Innerste der Kunst erreichen und sie mit ihrer Kälte und Geschwindigkeit anstecken. Cocteaus

Inkubationszeit als Künstler fällt in die kurze Stille vor dem Sturm der Avantgarde.

Doch bis es so weit ist, bleibt das Vorspiel zum abendlichen Theaterbesuch der Höhepunkt seiner Kinder- und Jugendtage. Das Schlafzimmer der Mutter füllte sich allabendlich mit Parfüm und «malvenblauem Reispuder», das rotsamtene Abendkleid, die langen Handschuhe und der Federschmuck verwandelten die Mutter in eine Madonna der Comédie-Française und den kleinen Sohn in ihren andächtigen Ministranten. Nachdem zunächst der Vater und bald darauf auch der Großvater, dessen kaufmännisches Geschick die Fantasie-Existenzen seiner mondänen Nachkommen auf Jahrzehnte sicherte, gestorben waren, blieben Mutter und Sohn ausreichend versorgt zurück.

Das unzertrennliche Paar unternimmt ausgedehnte Reisen nach Venedig, in die Schweiz und an die oberitalienischen Seen. Die Mutter empfängt in der Wohnung, die sie mit ihrem Lieblingssohn in der Avenue de Malakoff 62 bewohnt, Schriftsteller, Herzoginnen und Prinzessinnen. Der Sohn verkehrt von Kindesbeinen an in der Salonkultur der Madame Verdurin und der Herzogin von Guermantes, die Marcel

Proust als den letzten ironischen Schlussakkord des untergehenden 19. Jahrhunderts beschrieben hat. Cocteau, der das Genie Prousts früh erkannte, eignet sich den Code der Pariser Salons, den er im Boudoir der Mutter zum ersten Mal inhaliert hat, spielend an und treibt ihn in neue, noch nie da gewesene Höhen. Er sampelt und mixt die exotischen Versatzstücke der abgelebten Fin-de-Siècle-Kultur in den ausgefallensten Kombinationen, erscheint auf Bällen mit perlenbestickter Schleppe und Ringen an den lackierten Zehen, trägt Gehrock, Zylinder und violette Nelken im Knopfloch – eine elfenhafte, androgyne Erscheinung, die im großbürgerlichen Paris der Zwanzigerjahre ihre Homosexualität kaum noch verbergen musste. Einer geregelten Arbeit musste Cocteau an keinem Tag seines fünfundsiebzig Jahre währenden Lebens nachgehen. Als er in späteren Jahren gelegentlich in die Verlegenheit gerät, die Kosten für die Entziehungskuren gegen seine Opiumsucht nicht aufbringen zu können, wird seine Freundin Coco Chanel jedes Mal klaglos einspringen.

Am Vorabend des Ersten Weltkriegs ziehen Mutter und Sohn in die Rue d'Anjou 10, wo auch die Gräfin Adhéaume de Chevigné, das

Vorbild der Herzogin von Guermantes, logiert. Cocteau verkehrt mit Marcel Proust, über den er seine ersten Literaturkritiken schreibt, und mit dem Schauspieler Sacha Guitry, der nur ein paar Häuser weiter wohnt. Er befreundet sich mit André Gide und Igor Strawinsky, bei dessen skandalumwitterter Premiere des *Sacre du printemps* er im Frühjahr 1913 selbstredend dabei ist. Die Tage vergehen über Theaterbesuchen und eleganten Soireen. Cocteau verkehrt in der besten Gesellschaft, wo man sich bald um ihn reißt, denn er verfügt über eine Ressource, die in den ersten Pariser Kreisen mehr wert ist als Gold: Er versteht sich wie kein anderer auf die Kunst der geistreichen Konversation. Auch wenn die Rolle des Künstlers als Enfant terrible in der Requisitenkammer der Belle Époque schon vorrätig gewesen ist, muss man Cocteau zugestehen: Er hat den Typus des Künstler-Dandy zu neuem Glanz gebracht. Viele Stunden des Tages verbringt der angehende Salonpoet im Ankleidezimmer, kombiniert seine Roben und bereitet seine abendlichen Auftritte vor.

Einer der mondänsten Pariser Salons der Belle Époque wird von der gebürtigen Polin Misia Edwards am Quai d'Orsay geführt. Misia, das Vorbild der Madame de Bormes in Cocteaus Roman *Thomas der Schwindler*, ist Pianistin, Mäzenatin und Ehefrau wechselnder vermögender Männer. Bei ihr trifft sich das Trio Picasso, Cocteau und Erik Satie, um sich zur gemeinsamen Arbeit für die Ballets Russes zu verabreden, deren Aufführungen Misia finanziell unterstützt. Cocteau lebt bis zum Kriegsbeginn ausschließlich im luftdicht verschlossenen Kokon der Pariser Oberschicht, deren größte Bedrohung nicht das deutsche Kaiserreich, sondern der Ennui ist, dem sie mit den Waffen des Esprit und der Extravaganz begegnet. Von Misia alias Madame de Bormes heißt es in *Thomas der Schwindler*: «Sie spielte ihr Leben wie ein Virtuose das Klavier und entlockte allem die Wirkung, die diese Musiker aus den mittelmäßigsten wie aus den schönsten Stücken herausholen. Ihre Pflicht war das Vergnügen ... Im Gegensatz zu den anderen Frauen ihrer Kreise hatte sie erkannt, dass das Vergnügen nicht in bestimmten Dingen liegt, sondern in der Art, sie alle zu ergreifen.» In Misias Welt kultivierte man die im Original kaum noch vorrätige Geste nobler aristokratischer Weltverachtung. Lebenswert wurde das Leben erst in der unerwarteten Stilisierung, in der erfindungsreichen

Intrige, in der verblüffenden Übertretung – in der Kunst.

Es waren die Geburtsjahre von Dada und des Surrealismus, alles war im Fluss: Die Grenzen zwischen den Geschlechtern lockerten sich, die bürgerliche Ordnung des 19. Jahrhunderts löste sich auf, die Aristokratie verbürgerlichte sich. Viele Auflösungsmomente der späten Salonkultur im Paris der Zehner- und Zwanzigerjahre erinnern an unsere eigene Gegenwart der verschwindenden Grenzen und dauerironischen Inszenierungen. Man trifft sich beinahe täglich im Theater und auf Bällen. Étienne und Édith de Beaumont geben in ihrem Stadtpalais auf der Rive Gauche legendäre Kostümbälle, die den surrealistischen Impuls gesellschaftsfähig machten. Cocteau besuchte häufig den Zirkus Médrano auf dem Montmartre und imitierte die Künste der Clownsbrüder Fratellini – wie er überhaupt jeden zu imitieren verstand, der seine Spiellust entfachte. Man sieht ihn im «Café de Flore» mit den Surrealisten André Breton und Philippe Soupault, aber ebenso mit Guillaume Apollinaire, Igor Strawinsky oder André Gide, dem Gründer der *Nouvelle Revue Française*. Letzterer war einer der wenigen Zeitgenossen, die sich von dem charmanten Tausendsassa nicht mitreißen ließen. Nach einem Treffen in einem Teesalon zu Beginn des Ersten Weltkriegs notiert Gide:

«Es hat mir kein Vergnügen gemacht, Cocteau wiederzusehen, trotz seiner außerordentlichen Nettigkeit; er ist aber keines Ernstes fähig, und seine ganzen Einfälle, seine Geistreicheleien, seine Sensationen, das ganze außergewöhnliche Brio seiner ungewohnten Sprechweise schockieren mich wie ein in Hunger- und Trauerzeiten ausgestellter Luxusartikel. Er hat sich fast als Soldat verkleidet, und der Peitschenhieb der Ereignisse gibt ihm gesündere Gesichtsfarben; er verzichtet auf nichts, färbt lediglich seine unbändige Art ein wenig martialisch. Um von der Metzelei bei Mühlhausen zu sprechen, erfindet er amüsante Beiworte und Gesten; er ahmt den Klang der Signalhörner nach und das Pfeifen der Schrapnells. Dann sagt er von sich, das Thema wechselnd, dass er spürt, dass er nicht amüsiert, er sei traurig; er will aber auf dieselbe Art traurig sein wie wir, eignet sich plötzlich unsere Gedanken an, erklärt sie uns; spricht dann von Blanche, äfft Madame R. nach… Das Merkwürdige ist, dass ich glaube, er wäre ein guter Soldat. Er behauptet es jedenfalls, auch, dass er Mut habe.»

Gide erkannte ohne Weiteres die Schwierigkeit, in der sich die letzte und schillerndste Figur des zu Ende gehenden Zeitalters des Dandyismus nach dem Ausbruch des Ersten Weltkriegs befand. Cocteau, der für dienstuntauglich befunden wurde, trug zwar nach Kriegsausbruch eine elegante, spezialangefertigte blaue Fantasie-Offiziersmontur, wusste aber, dass die Zeit der Maskenbälle und der Proustschen Salonexistenz, die sein einziger und angestammter Lebensraum waren, nie mehr wiederkehren würde. Böse Zungen nannten ihn in Anspielung auf seine stilvollendeten Selbstinszenierungen bald den *Grand couturier des lettres françaises* und verspotteten damit im Licht des neuen kriegerischen Ernstes die Leichtigkeit, den Esprit, die Geschmeidigkeit und die Eleganz des Vorkriegs-Paris, das Jean Cocteau wie kein anderer verkörperte.

Das Kriegende bringt Cocteau wieder neues Glück. Im Jahr 1918 lernt er auf einer Vernissage, die er mit seinem Freund Max Jacob besuchte, den fünfzehnjährigen Raymond Radiguet kennen, einen dichtenden Jüngling, der seinen Eltern weggelaufen war und von den Pariser Snobs begeistert umworben wurde. Cocteau nahm den schönen Knaben sofort in die Schar seiner männlichen Verehrer auf, die täglich bei ihm vorstellig wurden, und beschaffte dem Wunderkind nicht nur umgehend ein Monokel und einen Schneider, sondern auch alle nötigen Kontakte zu Literaturzeitschriften und Theaterdirektoren. Die Liaison zwischen dem Kind und dem Dandy ist heikel, aber eine Missbrauchsdebatte hat es damals noch nicht gegeben. Von den Eltern, der Vater Maurice Radiguet war ein in Paris ziemlich bekannter Karikaturist, ist jedenfalls kein Protest überliefert, als das ungleiche Paar Radiguet–Cocteau die Sommermonate gemeinsam an der Côte d'Azur verbrachte. Die Ferien mit dem frühreifen Knaben, depeschierte Cocteau nach Paris, seien «das Paradies auf Erden», man lebe «nackt in der Sonne» und arbeite jeweils an neuen Romanen.

Raymond Radiguet debütierte 1923 mit *Den Teufel im Leib*, ein sensationeller Erfolg. Die Pariser Wochenschau übertrug seine Vertragsunterzeichnung über zehn weitere Romane. Cocteau triumphiert. Auf dem Höhepunkt des Erfolgs fährt das Paar im Juli 1923 nach Piquey an der Atlantikküste. Man arbeitet an einem Libretto. Cocteaus Schützling schreibt seinen zweiten Roman, *Der Ball des Comte d'Orgel.* Im Winter

1923 erkrankt der inzwischen zwanzigjährige Raymond Radiguet an Typhus und stirbt innerhalb weniger Tage, in denen er seinen Roman vollendet. Cocteau ist am Boden zerstört und ergibt sich mehr und mehr seiner Opiumsucht. Doch beide Autoren haben im letzten Sommer ihrer seltsamen Liebe Tür an Tür jeweils ein Meisterwerk geschrieben: Raymond Radiguet den *Ball des Comte d'Orgel* und Jean Cocteau seinen unverschämten und bewegenden Roman aus dem Ersten Weltkrieg, *Thomas der Schwindler*, der ebenfalls 1923 erscheint.

Der Grundeinfall des in wenigen Wochen geschriebenen Werks erinnert an einen von Cocteau im Jahr 1915 in der Zeitschrift *Le Mot* beschriebenen Fall: Ein junger und dem Autor offenbar persönlich bekannter Soldat namens Raoul Thomas aus Castelnau gibt sich als Neffe des Generals von Castelnau aus und hat damit eine Weile Erfolg. Im Roman *Thomas der Schwindler* ist dieser Thomas nicht nur eine vollendet hochstaplerische, sondern beinahe schon postmoderne Figur. Guillaume Thomas Fontenoy ist ein Waisenkind, das am Beginn des Ersten Weltkriegs sechzehn Jahre alt ist und sich älter macht. Er weiß natürlich, dass er lügt und nicht der Neffe des berühmten Generals von Fontenoy ist, als den er sich ausgibt. Aber diese Lüge ist ihm bereits zur zweiten Natur geworden. «Je mehr er in seiner Rolle lebte», heißt es über den Protagonisten, «desto mehr verschmolz er mit ihr.» Mit anderen Worten: Er erfüllt das oberste Gebot der Pariser Avantgarde – sein Ich ist ein anderer. Cocteau wird zeit seines Lebens darauf bestehen, dass die Erfindung des Selbst allemal jener amtlichen Figur vorzuziehen ist, deren Fotografie unser Ausweis zeigt. Das authentische, unverstellte Ich, das Persönlichkeitsideal unserer Nach-68er-Epoche, war für diesen Virtuosen der Selbststilisierung eine eher unappetitliche und geschmacklose Angelegenheit. Ehrlichkeit war für Cocteau nur ein Zeichen von Einfallslosigkeit. Die größte Sünde war in seinen Augen nicht die Lüge, sondern die Stillosigkeit. Stets wird er einen genialen Einfall der niederen Notwendigkeit vorziehen und der geistreichen Neuinterpretation der Wirklichkeit mehr vertrauen als der Wirklichkeit selbst. Darin blieb er ein Nachfahre der französischen Aristokraten, denen Esprit alles bedeutete. Aufrichtigkeit und Natürlichkeit überließen sie ihren Dienstboten.

Ähnlich wie Elisabeth und Paul, die *Kinder*

der Nacht in Cocteaus berühmtestem Roman aus dem Jahr 1929, lebt der kleine Guillaume in einer selbst fabrizierten Traumwelt, in der er sich mit schlafwandlerischer Sicherheit zurechtfindet. Selbst die raue Kriegswirklichkeit lässt sich durch die kindliche Phantasmagorie täuschen: Als seine wahre Identität schließlich entdeckt ist, beschließt Doktor Verne, den Schwindel nicht auffliegen zu lassen, denn er hatte sich als nützlich erwiesen, um dem Hilfskonvoi der Prinzessin de Bormes auf dem Weg zur Front Durchlass zu verschaffen. Nachdem Guillaume auf seinem Meldegang an die vorderste Frontlinie von deutschen Kugeln tödlich getroffen wird, fallen Kindertraum und Kriegswirklichkeit vollends in eins. Man begräbt den jungen Schwindler unter dem Namen Fontenoy: «Das Kind und das Zauberspiel verschmelzen.» Der Held ist tot, das Märchen, das er sich erfunden hat, ist aus, aber die Legende lebt weiter. Das raffinierte Spiel mit den Identitäten siegt über die kurzlebige, geistlose Wirklichkeit des Krieges.

«Ich habe», so hat Jean Cocteau an seinem Lebensende sein großzügiges und extrem elastisches Wirklichkeitsverständnis verteidigt, «die

Mythologie stets der Geschichte vorgezogen, weil die Geschichte aus Wahrheiten gemacht ist, die mit der Zeit zu Lügen werden, während die Mythologie aus Lügen gemacht ist, die mit der Zeit zu Wahrheiten werden.» Traum, Spiel und Ambiguität waren die Währung, mit der man im Halbdunkel der fantastisch dekorierten Salons brillierte. Cocteau hat die Mythomanie seiner Jugend immer gegen die Zumutungen des Tatsächlichen verteidigt. Auch gegen die des Krieges. Thomas der Schwindler ist eine Figur ganz aus dem Geist des Dandys Cocteau, beinahe ein Selbstporträt.

So erstaunt es nicht, dass Cocteau in diesem modernen Schelmenroman aus dem Ersten Weltkrieg durchaus eine wahre Geschichte erzählt. Auch wenn die im Roman geschilderten Begebnisse völlig fantastisch anmuten, haben sie sich doch so ähnlich zugetragen: Aus heutiger Sicht mag es frivol erscheinen, dass die Salonfürstin Misia und ihr Gefolge zu Kriegsbeginn in einer Fahrzeugkolonne, die der mondänen Dame von den Pariser Modehäusern zur Verfügung gestellt wurde, zur Front nach Reims fuhren, um dort Verwundete mit Orangen und Trockenkeksen zu versorgen und Schwerverletzte nach Paris zu befördern. Und doch ist es wahr. Cocteau hatte sich für diesen Kriegsausflug der Salon-Society im Mercedes-Benz eigens beim Modepapst Paul Poiret ein Sanitäter-Outfit schneidern lassen. Misias Geliebter und späterer Ehemann, der Maler José Sert, trug kleidsame hellgraue Knickerbocker wie zu einer Landpartie.

Die feine Gesellschaft, die wie zu einem Happening aufbrach, geriet in den Albtraum der beginnenden Marne-Schlacht. Die Spuren dieser Tage finden sich im betont nüchtern-lapidaren Stakkatostil und in den raschen, filmschnittartigen Szenewechseln in *Thomas der Schwindler*. Cocteau, dem die Komik dieses historischen Zusammenstoßes zwischen Salonkultur und Weltkrieg nicht entgangen seien dürfte, vergleicht die Ausflugsgesellschaft darin mit den Opernbesuchern auf der Galerie, «die, über einen schwarzen Abgrund gebeugt, Strawinsky lauschen». Doch das Lachen bleibt einem im Halse stecken.

Am Ende weiß man nicht, worin die im Roman geschilderte Tragikomödie recht eigentlich besteht: im Einmarsch der kostümierten Operettenfiguren in den Schlamm der Schützengräben oder im edlen Heldenmut, mit dem die Pariser Ästheten der blutigen Weltkriegsmaschinerie die Stirn bieten? In jedem Fall ist der Ausflugsbetrieb der effeminierten Pariser Snobs an die nordfranzösische und belgische Front eine frühe Kunst der Performance, deren Ironie das bellizistische Weltkriegspathos der «Stahlgewitter» eines Ernst Jünger demontiert. Die Marineoffiziere, die Guillaume in ihrer Strandvilla im belgischen Badeort Coxyde-Bains bei Laune hielt, waren «reizende Helden», die «die Lässigkeit der wahren Eleganz» kultivierten und denen es vor allem darum zu tun war, «sich so wenig wie möglich zu langweilen». Ihre aristokratische Ungezwungenheit, die im Schatten des Todes alle Förmlichkeit vergaß, machte sie zu natürlichen Verbündeten der Pariser Libertins.

Die Anregung zu den letzten Passagen des Romans, die in den Schützengräben und in den Badevillen an der belgischen Nordseeküste spielen, verdanken sich dem zweiten illegalen Frontaufenthalt Jean Cocteaus in Nieuport, wo er im Winter 1915/1916, abermals mit einer Fantasieuniform kostümiert, bei den Marinesoldaten Aufnahme findet, in deren Kreis die Prinzen Sixtus und Xaver de Bourbon-Parma den Ton angeben. An seine Freundin Misia schreibt er von dort: «Wie soll ich Dir das Unheimliche dieses düsteren Lagers schildern, wo die Automobilschuppen hochfliegen wie Flugzeuge und die Geschosse beim Heruntersausen miauen wie große Wildkatzen, wo man von der vollen Stille zur Apokalypse und von der Apokalypse zum Champagner übergeht?»

Der Weltkrieg ist für den jungen, vom Kriegsdienst dispensierten Müßiggänger ein superbes Spektakel, immer wieder unterbrochen von Aufenthalten in Paris, wo er sich zu dieser Zeit als Herausgeber eines Luxusmagazins betätigt und gemeinsam mit Pablo Picasso Pläne für ein Ballettspektakel schmiedet. In einem Brief an André Gide wird der Krieg vollends zum Bühnenzauber: «Hier würde es Ihnen sehr gefallen. Gräben, arabisches Venedig im Lunapark, die marokkanischen Schützen führen Bauchtänze auf, die Zuaven schenken mir prähistorische Stöckchen. Die Stille ist dem ‹Spiel vermischt›, wie Whitman singt, und man schläft friedlich unter den Granaten, Bomben, Lufttorpedos. Ich werde Ihnen von meiner Weihnacht erzählen, zehn Meter von den Boches entfernt, mit Weisen aus dem Morgenland und mit großen Sternen.» Zurück in Paris, wird Picasso den Kriegsausflügler «im Waffenrock» zeichnen.

Der funkensprühende Auffahrunfall zwischen dem verspielten Geist der verrückten Pariser Jahre und dem Weltkriegsdrama in den Schützengräben macht den bis heute erstaunlich lebendigen Charme dieses Romans aus. Er besiegelt den Abschied aus der Belle Époque, den Cocteau wie alles in seinem Leben zu einem Kunstwerk erklärt und in einen Sieg über die Wirklichkeit verwandelt.

Cocteaus amerikanischer Biograf Frederick Brown geht sehr kritisch mit dieser Phase im Leben Cocteaus ins Gericht. «Die üblen Gerüche, die in seine Nase drangen», schreibt er in seiner 1968 in den USA erschienenen Biografie, «alles Elend, Blut und Leid, das er täglich zu Gesicht bekam, wurden in seiner Mythenmaschine gefiltert und gelangten heraus als duftende, dekorative, beinahe heitere Gebilde. In Cocteaus Fantasie besaß der Krieg alle Attribute des aristokratischen Lebens: Geld spielte keine Rolle, man kümmerte sich nicht um Konventionen. Wenn man die Bruchstücke aus verschiedenen schriftlichen Erinnerungen zusammenfügt, klingen Cocteaus Berichte über seine Abenteuer an der Front fast wie Märchen aus dem Sagenkreis des Artushofs – Übertreibungen, kleine Schwindeleien, verwirrende Sprünge und Auslassungen kennzeichnen sie. Dieser Hang zum ‹Manipulieren der Tatsachen› war ihm durchaus bewusst, und so machte er aus der Not eine Tugend, indem er erklärte: ‹Ich bin eine Lüge, die immer die Wahrheit spricht.›»

Cocteau selbst hat das Unbehagen, das seine freche Karnevalsversion des Krieges bereiten kann, durchaus selbst empfunden. In seinem 1930 veröffentlichten, nach seinem bevorzugten Suchtmittel *Opium* betitelten Lebensbericht gesteht er: «Ich zog mich vom Krieg zurück, als ich eines Nachts in Nieuport begriff, dass ich mich *amüsierte.* Das ekelte mich an. Ich hatte den Hass, das gute Recht und andere Albernheiten vergessen. Ich ließ mich mitreißen von Freundschaften, von Gefahren, von Überraschungen, von einem Aufenthalt auf dem Mond.»

Dennoch besteht er darauf, dass er in *Thomas der Schwindler* keine einzige Szene erfunden, sondern alles Beschriebene selbst erlebt hätte. «Ich wünschte, man schmeckte in *Thomas* eine weiße lebhafte Schärfe heraus, die sich von der der

Gewürze vollständig unterscheidet», schreibt er ein Jahr nach Veröffentlichung des Romans. Wenn dessen Wirkung nur «spitz genug, schnell genug» ausfalle, um «mit einem Mal das Komische und das Schmerzliche zu durchdringen», fühle er sich über jeden Verdacht der bloßen literarischen Clownerie erhaben. Doch dieser Rechtfertigung hätte es nicht bedurft. *Thomas der Schwindler* ist ein Höhepunkt einer sich mit den Mitteln des Esprits und des Spiels gegen den dumpfen Ernst des 20. Jahrhunderts auflehnenden Avantgarde. Vergleicht man rund hundert Jahre später deren jeweilige Bilanzen, muss man sagen: Die Avantgarde hat die Partie gewonnen.

Iris Radisch

Editorische Notiz

Die Neuübersetzung von Jean Cocteaus Roman *Thomas l'imposteur* folgt in Textgestalt und Satzbild auf das Engste der französischen Originalausgabe (Éditions de la Nouvelle Revue Française, Paris 1923). Dies betrifft im Besonderen die Untergliederung des Werks in einzelne Abschnitte. Hierfür verzichtet der Verfasser nämlich auf die traditionelle Kapiteleinteilung, um stattdessen mehr oder weniger kurze Passagen durch ein- bis neunfache Leerzeilen voneinander abzusetzen. An wenigen Stellen (S. 55, 125 und 141) dient auch das Mittel der Textabsenkung auf der Folgeseite diesen idiosynkratischen Gliederungsabsichten Cocteaus.

Dem stichwortartig gehaltenen «Table des Matières» im Anhang, das hier ebenfalls originalgetreu als integraler Bestandteil des Werks wiedergegeben ist, kommt folglich der verspielte Charakter eines thematischen Leitfadens zu.

Manesse Verlag

Inhalt

Titel der französischen Ausgabe:
«Thomas l'imposteur. Histoire» (1923)

Der Verlag dankt dem «Comité Jean Cocteau»
für die Einräumung der Rechte.

Diese Buchausgabe der *Manesse Bibliothek*
wurde von Greiner & Reichel in Köln
aus der Berthold Bembo gesetzt,
von der Druckerei Pustet in Regensburg
auf FSC-zertifiziertem Papier
gedruckt und in Fadenheftung gebunden.
Umschlag und Vorsatz gestaltete das Münchner Favoritbuero
unter Verwendung von Motiven von
© Getty Images / Graham Dean;
Olovyanishnikov Manufactory Gold Brocade /
Private Collection / Calmann & King Ltd /
Bridgeman Images.
Printed in Germany 2018
ISBN 978-3-7175-2420-5

www.manesse-verlag.de

MANESSE

Joaquim Maria Machado de Assis
DAS BABYLONISCHE WÖRTERBUCH
Erzählungen
Aus dem brasilianischen Portugiesisch von Marianne Gareis und Melanie P. Strasser
Nachwort von Manfred Pfister
256 Seiten

Jean Cocteau
THOMAS DER SCHWINDLER
Roman
Aus dem Französischen von Claudia Kalscheuer
Nachwort von Iris Radisch
192 Seiten

Sinclair Lewis
MAIN STREET
Roman
Aus dem amerikanischen Englisch von Christa E. Seibicke
Nachwort von Heinrich Steinfest
1008 Seiten

Sinclair Lewis
BABBITT
Roman
Aus dem amerikanischen Englisch von Bernhard Robben
Nachwort von Michael Köhlmeier
768 Seiten

Franz Kafka
DAS SCHLOSS
Roman
Nachwort von Norbert Gstrein
608 Seiten

Mary Shelley
FRANKENSTEIN
oder Der moderne Prometheus
Roman
Aus dem Englischen von Alexander Pechmann
Nachwort von Georg Klein
464 Seiten

Jerome K. Jerome
DREI MANN IN EINEM BOOT
Ganz zu schweigen vom Hund!
Roman
Aus dem Englischen von Gisbert Haefs
Nachwort von Harald Martenstein
384 Seiten

Tania Blixen
JENSEITS VON AFRIKA
Aus dem Dänischen von Gisela Perlet
Nachwort von Ulrike Draesner
688 Seiten

Jonathan Swift
GULLIVERS REISEN
Roman
Aus dem Englischen von Christa Schuenke
Nachwort von Dieter Mehl
704 Seiten